ショコラティエのショコラ
Koji Tsuchiya 土屋公二

Chocolats de Chocolatier

土屋公二 チョコレートの世界

NHK出版

はじめに

　1999年3月に自分のショコラトリー（チョコレート専門店）をオープンさせた当時、「ショコラティエ」という職業はまったく認知されていなかった。でも、あえて自分はチョコレートづくりのプロという自負を持って「ショコラティエ」と言い続けてきた。今では華やかな職業のように扱われているが、毎日の作業は根気のいる仕事。

　毎日同じようにつくっているつもりでも、その日の天候やちょっとした素材の違いで、味が変わってしまうこともあり、少しも気が抜けない。テンパリングするときやチョコレートを扱うときは温度計を使うが、温度計は確認のため。必ず、チョコレートののびやつやなどの状態を自分の"五感"で判断するようにしている。ルセット（レシピ）のとおりにつくることは当然だが、五感をフルに働かせなくてはいけない。常に味、鮮度を追求し、おいしいものをつくる——それがショコラティエの誇りだから。

　ヨーロッパで生まれたチョコレートの歴史は約200年。チョコレートの文化がしっかりと根づいている。そのヨーロッパの伝統を学ぶことは大切だが、同じものをつくっても意味はない。日本人だからこそ表現できるものをつくりたい。伝統も重視しつつ、常に自分らしいもの、時代の流れに合ったものをつくり出す——これも大切にしていることのひとつ。

　最初はパティシエを目指し、ヨーロッパに渡って修業をはじめたが、修業した中の1軒のショコラトリーで口にした美しい「ボンボン・オ・ショコラ」によって、私はチョコレートの魅力を初めて知ることに。この出会いで、ショコラティエになる決心をした。

　1粒のチョコレートによって自分の運命が変わったように、私はお菓子屋は「夢」を売る仕事だと思っている。この本を読んでくださる人の中には、ショコラティエやパティシエを目指す人もいるでしょう。お菓子づくりを家庭で楽しむ人もいるでしょう。チョコレートに対する思いは違っても、この本を手にしたときに「夢」も感じてもらえればと思っている。

　この本では店で人気のお菓子の中から、家庭でもつくりやすいようにアレンジしたルセットを紹介している。チョコレート、チョコレート菓子は決して簡単ではないが、皆さんが少しでもショコラティエの技が再現できるように、つくり方は詳細なプロセスを追っている。本当においしい、そして夢のあるチョコレート、チョコレート菓子をつくってもらえれば幸いだ。

「ミュゼ ドゥ ショコラ テオブロマ」
土屋公二

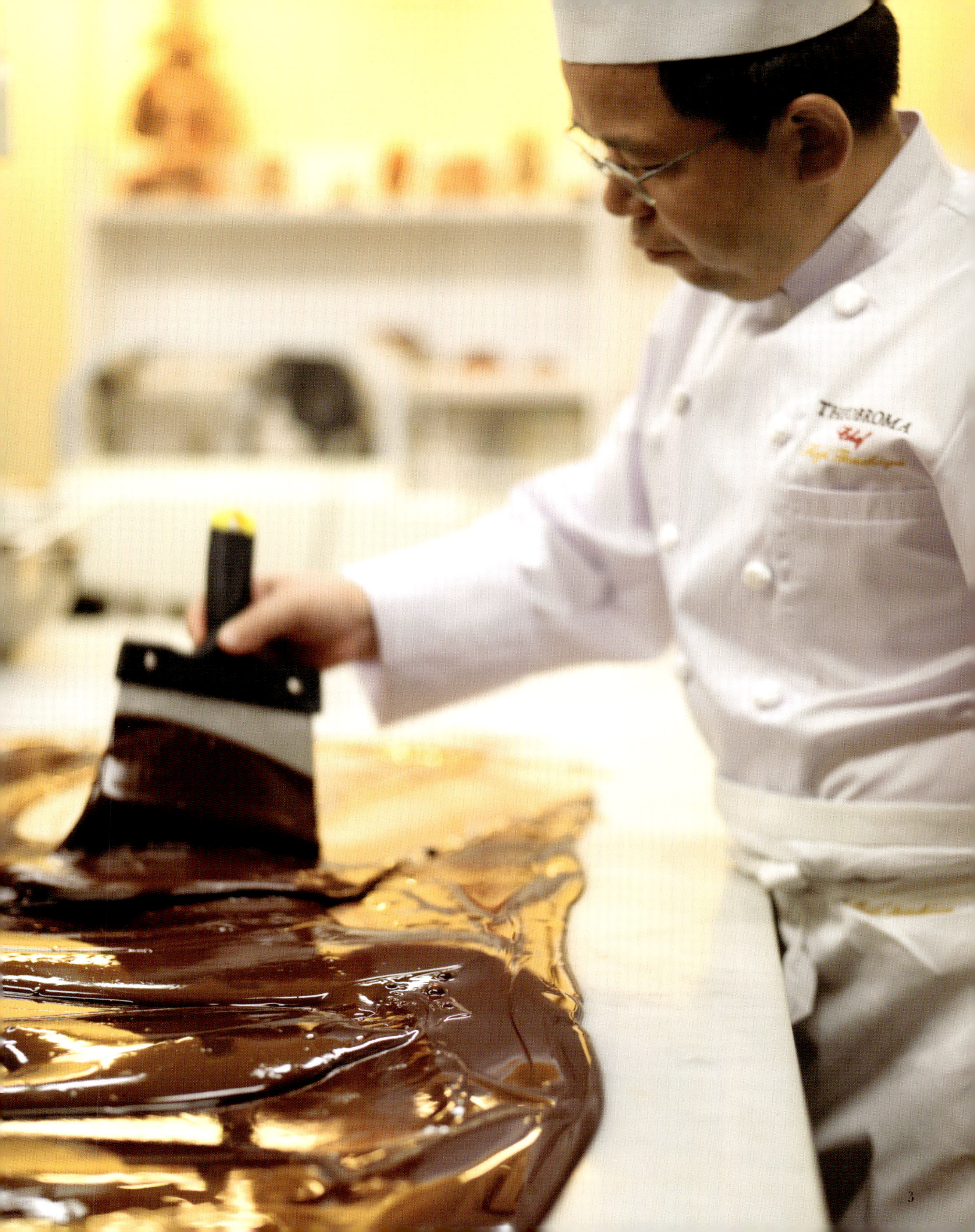
THEOBROMA

Sommaire
目次

2　はじめに

6　Le Savoir du Chocolat
チョコレートを知る

8　チョコレートは「カカオ」から

10　植物としての「カカオ」

12　「カカオ」からチョコレートへ

14　チョコレートの成分

16　クーベルチュールの種類

18　カカオからつくるチョコレートの仲間

20　テンパリングとは

22　テンパリングについて
　　マーブル台を使う場合 22
　　ボウルを使う場合 24
　　クーベルチュール ブランシュの場合 25

26　Variétés de Chocolat
チョコレートのバリエーション

28　アマンドショコラとオランジェット
　　Amandes chocolat et Orangettes

　　アマンドショコラ 30
　　Amandes chocolat

　　オランジェット 32
　　Orangettes

34　トリュフ
　　Truffes

　　トリュフバニラ 36
　　Les Truffes à la Vanille

　　トリュフコニャック 38
　　Les Truffes au Cognac

40　ボンボン・ショコラ
　　Bonbons au chocolat

　　スリーズ 42
　　Cerises au kirsch

　　マノン 44
　　Manon

46　ムール・ア・ショコラ
　　Moules à chocolat
　　飛行機／クマ／自由の女神／12星座／ネコ／テレビ
　　馬／コイ／ニワトリ／ボール／サッカーボール／エッグ

58　ボンボン・ショコラ・ムーレ
　　Bonbons au chocolat moulés

　　キャラメル・サレ・バニーユ 60
　　Caramel salé Vanille

　　フィグ 62
　　Figue

　　ジャンドゥジャ 64
　　Gianduja

66 Diversités au Chocolat
チョコレートをアレンジ

- 68 マカロン
  Macaron
  - アメール 70
    Macaron au chocolat amer
  - バジル 72
    Macaron au chocolat basilic
  - キャラメル・ブール・サレ 73
    Macaron au chocolat caramel beurre salé
- 74 ガトー・セック
  Gâteaux secs
  - ガレット・ショコラ 76
    Galette Bretonne au chocolat
  - ディアマン・ショコラ 78
    Diamant au chocolat
- 80 マドレーヌ・ショコラ
  Madeleines au chocolat
- 86 ケーク・ショコラ・オランジュ
  Cake chocolat à l'orange
- 92 ガトー・ショコラ
  Gâteau chocolat aux marrons
- 98 グラスとソルベ
  Glace et Sorbet
  - グラス・ショコラ 100
    Glace au chocolat
  - ソルベ・フランボワーズ 101
    Sorbet aux framboises
- 102 ボワソン・ショコラ
  Boissons chocolats
  - オーレ au lait 104
  - アメール Amer 105
  - エピス Épice 106
- 108 コンフィチュール
  Confitures
  - バナナ、オレンジとショコラ 110
    Banane orange et chocolat
  - フリュイトロピックとショコラブラン 112
    Fruit des tropiques et chocolat blanc

114 Gâteaux Frais du Chocolat
チョコレートをケーキに

- 116 プディング・ショコラ
  Pudding au chocolat
- 120 クレメ・ダンジュ
  Crémet d'Anjou
- 126 シュー・ショコラ
  Choux au chocolat
- 132 タルト・ショコラ
  Tarte au chocolat
- 138 カカオ・フランボワーズ
  Cacao aux framboises
- 144 ホワイトチョコレートといちごのマリアージュ
  Mariage
- 150 ブッシュ・ド・ノエル
  Bûche de Noël
- 156 チョコレート菓子づくりの用語

column さらにチョコレートを知る

- 33 「チョコレート菓子」と「製菓用のチョコレート」はまったく違うもの
- 85 チョコレートができるまで
- 91 チョコレートの歴史 古代メキシコから現代まで
- 107 チョコレートの歴史 日本編

つくる前に
- クーベルチュールとは製菓用の高カカオ分のチョコレートのこと。一般にブラックチョコレートと呼ばれ、ミルクを含まないものをノアール、ミルクチョコレートをオ・レ、ホワイトチョコレートをブランシュとした。カカオ含有率を表記したものは、その数値に近いものが理想。手に入らなければ、できるだけ含有率が近く、好みの味のものを使用したい。
- チョコレートを扱う場合の作業時の部屋の温度は18〜20℃、湿度50%以下、「ボンボン・オ・ショコラ」などのトランペ（コーティング）を行う場合は室温20〜22℃が理想。
- オーブンはあらかじめ設定温度になるように温めておく。焼成時間はオーブンによって差があり、また生地のでき具合、型に入れたときの厚さによっても異なるのであくまでも目安。焼き色などで判断すること。家庭用のオーブンは小さいため、扉の開閉によってすぐに庫内の温度が下がってしまう。開閉はできるだけ手早く行うこと。
- ボウルを直火で温める場合、ボウルが熱くなるので軍手などを使用して十分に注意すること。

Le Savoir du Chocolat

チョコレートを知る

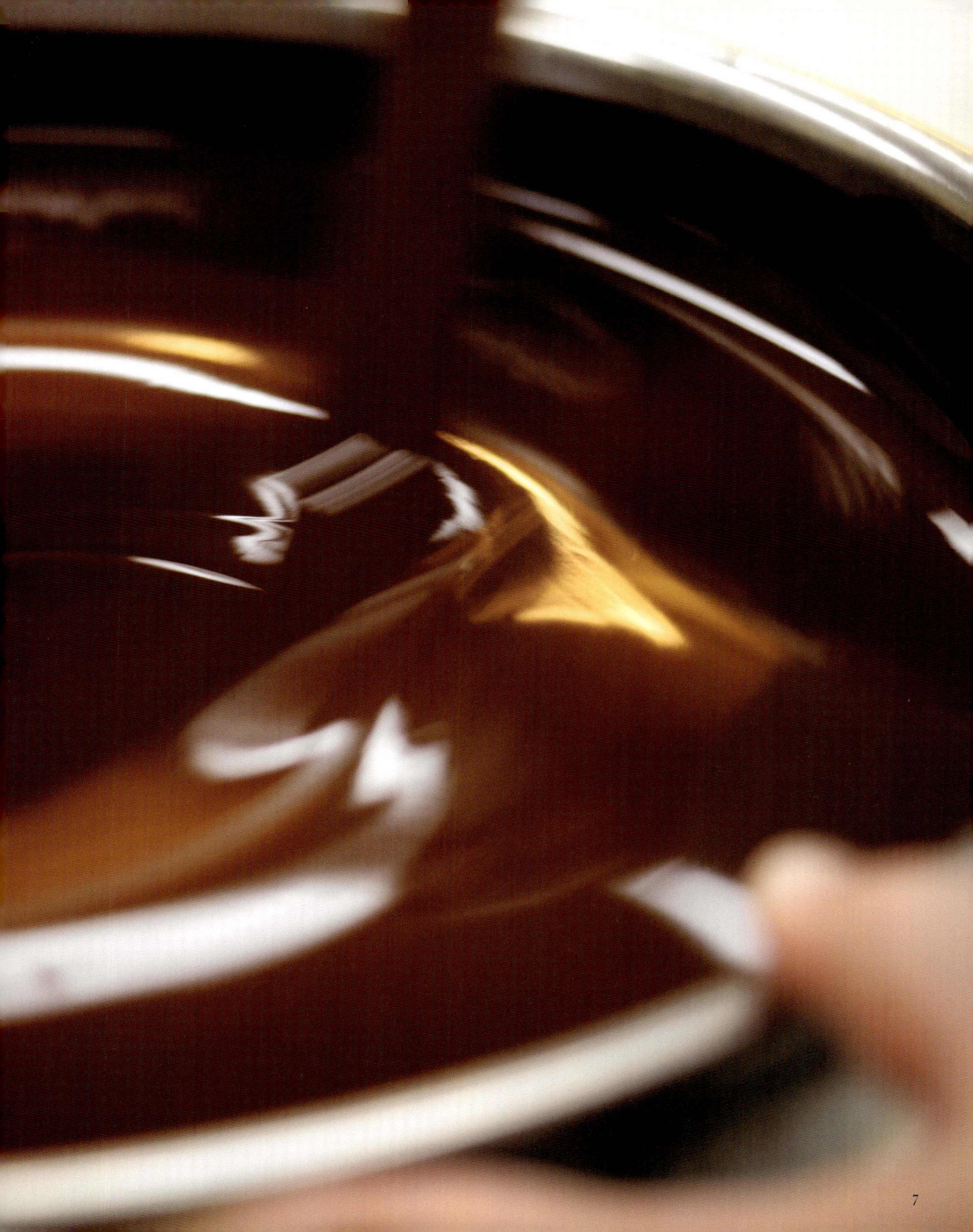

チョコレートは「カカオ」から

「チョコレート」と呼ばれるものは、チョコレート専門店の高級ボンボン・オ・ショコラから大手チョコレートメーカーがつくる板チョコまで、広い範囲のものを指す。どんなチョコレートも、製菓用に加工されたチョコレートを原料としてつくられる。さらに「製菓用に加工されたチョコレート」の原料は「カカオ」で、チョコレートの原料は「カカオ」ということはかなり知られるようになってきた。

大きなものは高さ10mにもなり、枝や幹のあちこちに花をつけるカカオの木は、学名「テオブロマ・カカオ」。「テオブロマ」はギリシャ語で〝神様の食べ物〟の意味で、メキシコ・アステカ族の神話に由来する。カカオの実を割ると、華やかな甘い香りが漂い、まさに南国のフルーツの香り。

このカカオの豆がさまざまな工程を経て、チョコレートになる。砂糖やミルク、香料などを加えるが、チョコレートの味を決めるのはこのカカオ豆なのである。

カカオは紀元前2000年代の古代メキシコ時代から存在し、10世紀ごろからは人の手によって栽培されるようになった。古代メキシコでのチョコレートは今のような甘美なお菓子ではなく、ドロドロした苦い飲み物で「ショコラトル」と呼ばれていた。大航海時代にメキシコから→スペイン→イタリア→フランスと渡り、ヨーロッパ全土に広まっていったが、スペインに渡ったころはまだ苦い飲み物「ショコラトル」だった。

それがヨーロッパ全土に広まったころに、砂糖を加えた甘い飲み物「チョコレート」となり、ヨーロッパの上流社会で人気となる。その後、さまざまなレシピが考案され、1847年にイギリスで固める技術が発明されて、現在ポピュラーな板チョコの原型がつくられた。現在われわれが思っているようなチョコレートは誕生して約200年。

どろどろした苦い飲み物「ショコラトル」から「チョコレート」になり、今ではだれもがおいしいと思う食べ物に進化してきた。それはチョコレート職人、ショコラティエたちが試行錯誤を重ね、たゆまぬ努力の結果である。

9

Le Savoir du Chocolat

植物としての「カカオ」

　カカオ豆を原料とするチョコレートは、カカオの木が育つ気候、環境などで味に大きく影響する。チョコレート菓子をつくるためには、カカオの木の特徴を知っておくことも大切なこと。

　カカオの木は赤道を挟んで北緯、南緯とも20度以内の地域で、年間気温が27℃以上の、しかも年間を通じて気温の上下が少ない、高温、多湿な地方で栽培される熱帯植物。これらの条件を満たして、現在、カカオ豆を栽培しているのは大きく西アフリカ、中南米、東南アジアの3つの地域。カカオの木は高さ7〜10m、幹の太さは10〜20cmに育つ樹木で、枝だけでなく、枝の中ほどや幹など、至るところに花をつける。1本の木に5000〜15000もの花が咲くが、実を結ぶのは50〜150コほどで、6か月後に完熟する。

　カカオの実はカカオポッドと呼ばれ、長さ25〜30cmほどのラグビーボール状をしている。その中に白い果肉に包まれたカカオ豆が約50粒入っている。豆の長さは2〜3cmほどで、アーモンドを平たくしたような形をしている。通常、春と秋の年2回収穫される。

　現在栽培されているカカオの実は、大別すると「クリオロ種」「フォラステロ種」「トリニタリオ種」の3種類になる。

　クリオロ種は病害虫にきわめて弱く、栽培が非常に難しい品種。ベネズエラ、メキシコなどでごく少量生産されている。豆の品質は最上級とされ、苦味や酸味が少なく、独特の香りがあり、フレーバービーンズとして珍重される。

　フォラステロ種は西アフリカや東南アジア地域で多く生産されるカカオ豆の主品種である。香りはやや弱く、品種によっては渋味、苦味、酸味などが強い。刺激的なフレーバーを持つ。

　トリニタリオ種はクリオロ種とフォラステロ種のハイブリッド種（交雑種）。栽培は容易で、良質な品種でブレンド豆として不可欠。ベネズエラ、トリニダード・トバゴや他の中南米で栽培される。

　収穫されたカカオ豆は、バナナの葉や布などで覆って発酵させる。豆の種類にもよるが発酵期間は3〜10日間で、発酵させることで周囲についた果肉が完全に落ち、豆の中の成分が変化してカカオ豆の香りの成分が醸成され、褐色に変化する。発酵が終わった豆は、水分6％以下に乾燥させる。乾燥は主に天日乾燥で、機械を用いた熱風乾燥はごく一部で行われている。こうして熟成、乾燥した豆は加工用のカカオビーンズとなって、世界各地のチョコレート原料工場に送られる。

ベネズエラのカカオ農園を訪ねて。

上/つぼみと結実した実。
右/カカオの花。
花の大きさは直径、高さともに
3cmほどで、香りはない。

カカオポッドの中に、
果肉に包まれた豆が並んでいる。

発酵が終わった実を、天日で乾燥させているところ。

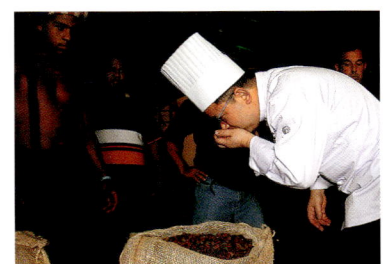

出荷を待つカカオ豆。1袋60kg入りの
麻（ジュート）袋に詰められて輸出される。

撮影／土屋公二

CALLEBAUT
Chocolate
Chocolat - Chocolate - Chocolade - Schokolade
DARK
CALLEBAUT
CALLEBAUT

「カカオ」から
チョコレートへ

　カカオの原産国から送られたカカオ豆は、チョコレート原料工場にて「チョコレート」へと加工される。どういうプロセスでチョコレートの製品になるかを説明しよう。

　カカオ豆はその約55％がカカオバターで、残りの約45％は固形分である。カカオ豆を選別、ローストし、豆の皮を除いて細かく砕いたものが「カカオニブ(英)」。カカオ豆の胚乳部分で、フェーブ・ド・カカオ(仏)とも呼ばれる。カカオニブをローラーで細かくひきつぶしていくことで、ニブの中のカカオバターが溶けて、暗褐色のペーストになる。このとき、単一のカカオニブだけを加工する方法と、何種類かをブレンドする方法がある。

　ここでできたものが「カカオマス」。この時点では、厳密にはチョコレートと呼べないものだが、その味わいからビターチョコレートとも呼ばれる。まったく甘みを持たないカカオマスは、甘みを増したくないチョコレート製品や、ビターな味わいを強調したいとき、美しい茶褐色の色づけなどに利用される。

　チョコレートの製造過程とは少し離れるが、カカオマスをプレスすることで、カカオバターとカカオケーキに分けられる。カカオバターは、その後の加工によって「クーベルチュール」(14〜15ページ参照)に追油として加えられたり、医薬品として利用される。カカオバターを分離させたカカオケーキを粉砕してできるのがココアパウダーである。

　カカオニブをひきつぶしてできたカカオマスはどろどろした状態で、ここで砂糖や粉乳や香料などを加える。ローラーにかけてなめらかにし、コンチェという機械で、長時間かけて練り上げる。さらにテンパリングしてカカオバターを安定した結晶にし、型に流し込んで、冷却して固める。

　こうしてでき上がったものは「製菓用のチョコレート」ここからさまざまなチョコレートやチョコレート菓子がつくられる。一般的には品種や産地が違うカカオ豆を数種類ブレンドしてつくる。ブレンドされることで生まれる味わいは、単一のカカオ豆では表現できない、複雑で奥深いものがある。一方カカオ豆を産地、品種とも単一のものでつくられるものは「ピュアオリジン」、「オリジンカカオ」と呼ばれ、近年もてはやされている。

チョコレートの成分

この本で主に使う製菓用のチョコレートは、一般的にクーベルチュールショコラ（以下クーベルチュール）と呼ばれている。クーベルチュールはフランス語で「毛布」を指し、「覆うもの」という意味を持っている。ちなみに英語では「カバー」である。

クーベルチュールは、総カカオ分が35％以上、そのうちカカオバター分31％以上、固形分2.5％以上を含み、カカオバター以外の油脂を使わないものを指す。これは厳しい国際規格があり、加工の工程でカカオバターを抜いて、パーム油脂など他の植物性油脂を入れたものはクーベルチュールと呼ぶことはできない。ただ、この規格は国際規格なので、輸入のチョコレートのみに当てはまる。日本の製品にはクーベルチュールという名称についての規格はなく、それに代わるものとして、右のような規格が設けられている。

クーベルチュールにおける総カカオ分のパーセンテージは、固形分とカカオバター、そして追油したカカオバター分の合計総数になる。追油とはカカオ豆にもともと含まれているカカオバターのほかに、さらに7〜14％ほどのカカオバターをプラスすること。これによって、非常になめらかで流動性の高いチョコレートが仕上がる。本来のカカオバターと追油分のカカオバターを合わせたものがトータルファットで、これはカカオ分の含有量と比例する。

クーベルチュールの中でも、カカオ分35％から80％くらいのものまでさまざまなタイプがある。カカオ分の高いものほど苦味が強く、価格も高くなり、固形分が多いほど色は濃くなる。日本では値段が高価なために「高級チョコレート」ととらえている人も多いが、「カカオは高価なものなので、それを多く含んでいるものほど価格も高くなる」ということだ。

カカオ分のパーセントが同じでも、使用している豆の種類やブレンド具合などによって、苦味、酸味、香り、味の深みは大きく違ってくる。プロとしては仕上げるお菓子に合わせて素材を選ぶ際のポイントになる。

【日本のチョコレート及び準チョコレートの成分規格】

チョコレート生地
カカオ分35％以上で、カカオバターが全重量の18％以上のもの。

ミルクチョコレート生地
カカオ分21％以上で固形乳脂肪分が全重量の14％以上のもの。

準チョコレート生地
カカオ分15％以上で脂肪分が全重量の18％以上のもの。

準ミルクチョコレート生地
カカオ分7％以上で、脂肪分が全重量の18％以上、乳固形分が全重量の12.5％以上で、かつチョコレート生地に該当するものを除く。

＊日本チョコレート・ココア協会ホームページ参考

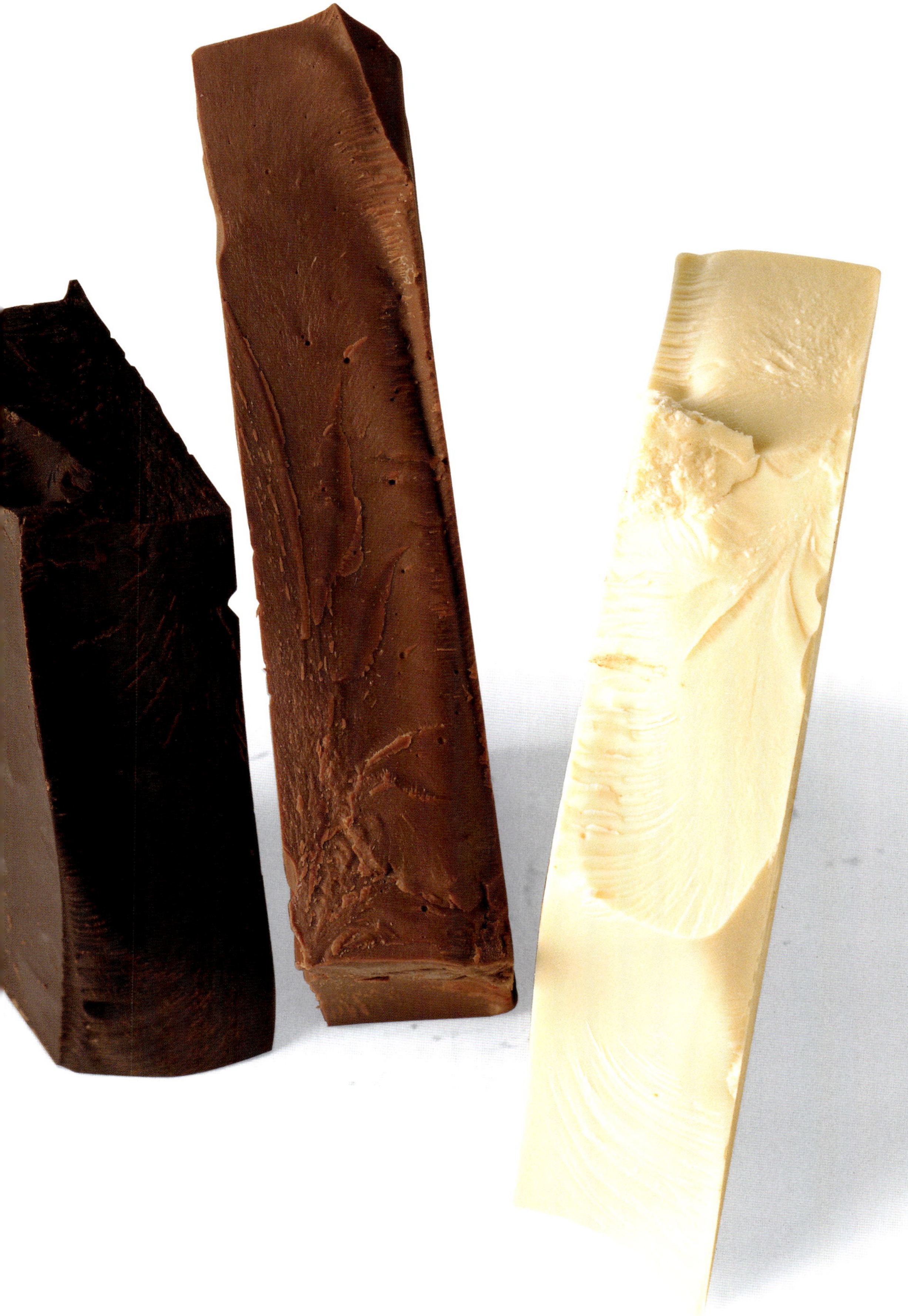

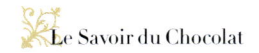

Le Savoir du Chocolat

クーベルチュールの種類

クーベルチュールは一般的に、1kg、2kgまたは5kgの板状のもので、
色を中心にフランス語でノアール（ブラック、ダーク）、オ・レ（ミルク）、
ブランシュ（ホワイト）に分類されている。

Couverture noire
クーベルチュール ノアール
（ブラック、ダーク）

　ノアールは、カカオ分（カカオマス＋カカオバター）以外はほとんどが砂糖。全体からカカオ分を引いた数値が、そのまま甘さにつながる。カカオ分70％のものは砂糖は29％以上、カカオ分55％のものは砂糖44％以上になり、カカオ分が多いほど砂糖の量が減るため、苦味が強くなる。また、砂糖よりカカオのほうが原価が高いため、カカオ分が多いものほど価格も高くなる。

　作業をするには、カカオ分55〜60％のクーベルチュールが扱いやすい。カカオ分が70％以上と高くなると、カカオバターが多くなる分、砂糖が少ないために分離しやすく、固まる力も強くなって作業は難しくなる。最近はカカオ分の高い板チョコレートも出回っているが、カカオ分が70％を超えると、苦味が強すぎると感じる人も多くなり、一般的な味の菓子には向かないこともある。他のクーベルチュールも同様に、カカオ分と砂糖の合計が100％にならないのは、レシチンや香料などが一般的に1％未満入るためである。

ノワールの原料（カカオ分55％の場合）
カカオ豆（カカオマス）
　カカオバター①‥‥21.6％
　固形分②‥‥‥‥26.4％
追油分のカカオバター③‥‥‥7％
砂糖‥‥‥‥‥‥‥‥‥‥44％
レシチン・香料‥‥‥‥‥1％未満

①＋②＝カカオマス 48％
①＋②＋③＝総カカオ分 55％
①＋③＝トータルファット 33.4％

オ・レの原料（カカオ分35％の場合）
カカオ豆（カカオマス）
　カカオバター①‥‥6％
　固形分②‥‥‥‥5％
追油分のカカオバター③‥‥‥24％
粉乳（全脂粉乳＋脱脂粉乳）‥‥‥24％
砂糖‥‥‥‥‥‥‥‥‥‥0％
レシチン・香料‥‥‥‥‥1％未満

①＋②＝カカオマス 11％
①＋②＋③＝総カカオ分 35％
①＋③＋全脂粉乳の油分
＝トータルファット 33.4％

Couverture lait
クーベルチュール オ・レ（ミルク）

　オ・レはミルクを加えたチョコレートで、使用するミルクは水分を取り除いた全脂粉乳、脱脂粉乳。粉乳を加えることで全体の粘度が上がるため、流動性を高めるために追油分のカカオバターが増える。全脂粉乳には約26％の乳脂肪分が含まれているので、トータルファットもカカオバターの合計よりも高くなる。

　粉乳を加えるために、カカオの固形分の含有量が少なくなる。チョコレートの苦味と褐色を生む固形分が少ないために、淡い色合いになり、甘味もこってりしたものになる。中には、ノアールよりも砂糖の量が少ない場合もある。

　オ・レの味や質の違いは、カカオ豆やブレンドの他に、粉乳の質によっても左右される。ノアールとは異なり、カカオ分と粉乳の成分が複雑に組み合わされる分、メーカーによって味の違いの差が大きい。

Couverture blanche
クーベルチュール ブランシュ（ホワイト）

　ブランシュがノアールやオ・レと違って白いのは、カカオ豆の中の褐色部分（固形分）が入らないため。31％以上のカカオバターは含んでいるが、カカオ豆の固形分はまったく含んでいない。

　総カカオ分が35％を超えないため、本来はクーベルチュールのカテゴリーには入らないが、ショコラティエは習慣的に〝クーベルチュール　ブランシュ〟と呼んでクーベルチュールとして扱っている。実際、輸入するとき、ブランシュはチョコレート類には含まれていない。ただ、商品の味わいやバリエーションを広げたり、美しいデコレーションをするためには必要なアイテムである。

ブランシュの原料

カカオ豆　カカオバター ①	31％
粉乳（全脂粉乳＋脱脂粉乳）	28％
砂糖	40％
レシチン・香料	1％未満

①＋全脂粉乳の油分＝トータルファット 33.4％

Grué
カカオニブ

カカオ豆から外皮や胚芽を取り除き、粗く砕いたもの。ローストしてから砕く場合と、砕いてからローストする場合がある。カカオの香りや歯ごたえを強調したいときに飾りとして使う。これを炒ってローラーで細かくひきつぶしていくとカカオマスになる。

Fève de cacao
フェーブ・ド・カカオ

カカオ豆のことで、英語ではカカオビーンズ。通常は工場でローストして使用する。砕いてカカオニブ、カカオマスになる。

Pâte de cacao
カカオマス

カカオ豆から外皮や胚芽を取り除き、砕いてつぶしたもの。砂糖などの他の成分をまったく含まない純粋な「カカオの味」といえる。その味わいから「ビター・チョコレート」とも呼ばれる。色は黒に近い茶褐色、甘みはまったくなく非常に苦味が強い。甘みを増したくないとき、ビターな味を強調したいとき、美しい茶褐色の色づけなどに利用される。これに砂糖や粉乳を加えるとチョコレートになる。

Beurre de cacao
カカオバター

カカオ豆を砕いたカカオマスに、圧力を加えて搾り出したカカオ豆の油脂分。カカオの風味はなく、無味無臭に近い。クーベルチュールの追油、流動性の調節に使う。

Le Savoir du Chocolat

Gianduja
ジャンドゥジャ
ローストして、細かく砕いたヘーゼルナッツを加えたチョコレートで、イタリアが本場。ヘーゼルナッツにアーモンドやその他のナッツを加えたものもある。

カカオからつくる
チョコレートの仲間

「カカオ」からつくられるものには、
クーベルチュールのほかにもココアパウダーなどさまざまなものがある。
これらもチョコレート菓子をつくる上で登場するので、
覚えておくとよい。

Pâte à glacer
パータ・グラッセ
カカオマスからカカオバターを抜き取り、カカオバター以外の植物性油脂と砂糖を加えたもの。カカオバターを含まないのでテンパリングの必要がない。伸びがよく、コーティングに向く。

Couverture
粒状の
クーベルチュール
クーベルチュールは板状のものが一般的だが、粒状のものもある。ペレット、カレットなどとも呼ばれるもので、板状のものと成分の違いはない。刻まなくてよく、溶けやすく、混ぜやすい。

Poudre de cacao
ココアパウダー
カカオ豆を砕いたカカオマスから、カカオバターを$2/3$量ほど抜き取り、粉末にしたもの。チョコレートと同様の風味があり、味の調整に使用できる。カカオバター含有量は12〜16%のものと、やや高めの22〜26%のものがある。

Le Savoir du Chocolat

Le tempérage
テンパリングとは

　クーベルチュールをトリュフや型に流して固めるムール・ア・ショコラなどに使う場合、ただ溶かすだけでは美しく食感もなめらかにはならない。それにはテンパリングという作業が必要になる。テンパリングは簡単にいうと「温度調節」である。

　これはチョコレートに多く含まれるカカオバターの性質によるもの。カカオバターは植物油脂の中でも大変特異な油で、6種類の結晶の形を持っている。16℃から35℃の異なった融点で結晶の形が変化する。最終的に固体として固まるときに、最良の形で結晶化するとまず凝固し、収縮し、そしてつやが出る。そのために、異なった結晶同士をつなげ、安定した結晶状態にすることがテンパリングの目的。

　テンパリングをしなかったり、最良の形以外の結晶体で固まってしまうと、クーベルチュールは凝固するのに時間がかかったり、つやのないざらざらした表面になってしまう。さらに2～3日たつと、表面にカカオバターが浮いて白っぽくなったり、斑点ができたような〝ブルーム現象〟と呼ばれる現象が起こる。またモールド（型）を使用した場合は、時間が経過してもなかなか型からはなれなかったりする。チョコレートの3つの特質「凝固」「収縮」「光沢」をすべて失うことになる。

　テンパリングはマーブル台でするのが一般的。ステンレスの台でも問題ない。要するに、理想的な温度変化の波をつくればいいので、マーブル台でなければならないという決まりはない。きっちりと温度調節ができたクーベルチュールは、一定の温度を保つことが大事。温度を保つためには保温器が最適だが、なければ保温プレート、あめ用ランプ等でも代用できる。または湯せんにかけてもよいが、保温中に湯気が入らないように注意する。

　テンパリングはよい結晶をつくり出し、結晶の数と大きさを一定に保つこと。そのために行うのがテンパリングだということを忘れずに作業することが大事だ。

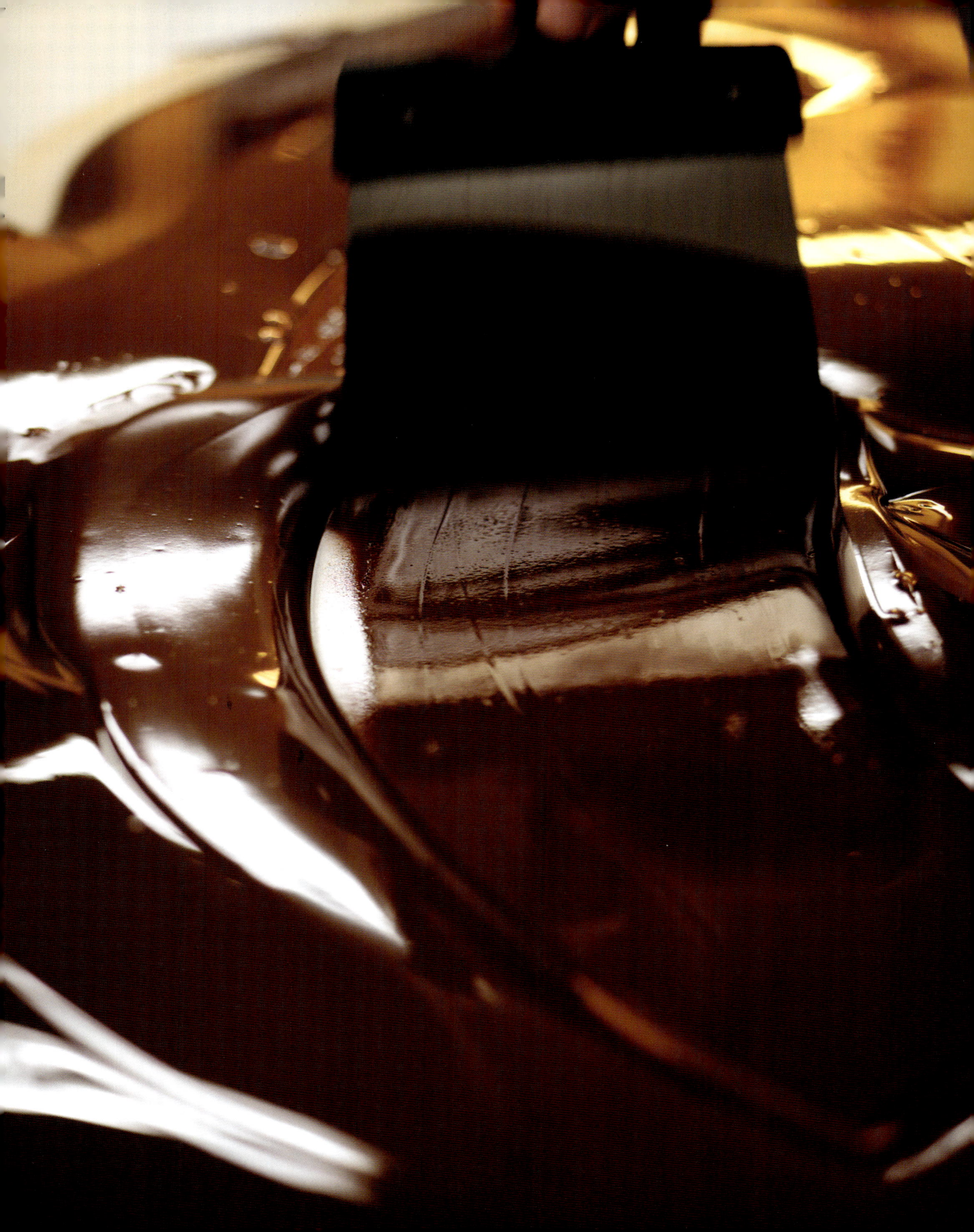

Le tempérage
テンパリングについて

　テンパリングは、クーベルチュールを溶かす、冷やす、温めるという工程で進めるが、大事なのはそれぞれの「温度」。

　まず、溶かす温度（溶解温度）は、ノアール50〜55℃、オ・レ45〜50℃、ブランシュ40〜45℃が理想。この温度までしっかり上げて、結晶をすべてなくす状態にする。

　次に溶かしたものを再び結晶化させるために冷やす温度（冷却温度）は、ノアール27〜28℃、オ・レ26〜27℃、ブランシュ25〜26℃。この状態になるとチョコレートは、ねちねちと重くなる。これは再結晶化が始まるところ。ここでできた結晶のまま固まってしまうとよいチョコレートの状態にならない。

　再び温めて温度を上げると、結晶の型がV型（β型）に移行し、最良の結晶のみが残る。最終の保温温度（テンパリング温度）は、ノアール31〜32℃、オ・レ29〜30℃、ブランシュ28〜29℃。

　テンパリングをする場合、どの方法でも水が絶対に入らないようにすることが重要。少しでも水が入るとクーベルチュールはぼってりと重くなり、作業がしにくく、またかびが発生する原因になる。

ショコラ・ノアールの作業温度

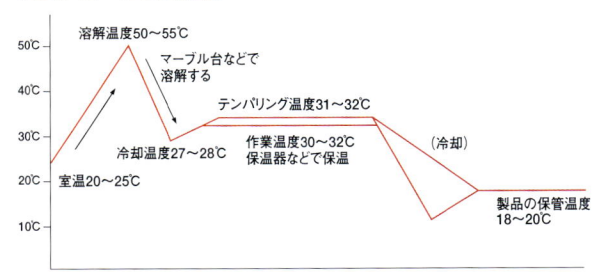

クーベルチュールの作業温度

	溶解温度	冷却温度	テンパリング温度	冷却温度	保管温度
ノアール	50〜55℃	27〜28℃	31〜32℃	10〜18℃	18〜20℃
オ・レ	45〜50℃	26〜27℃	29〜30℃		
ブランシュ	40〜45℃	25〜26℃	28〜29℃		

【マーブル台を使う場合】

溶かして結晶をなくしたクーベルチュールを、
マーブル台の上に広げて
温度を下げながら調節する方法。

材料（つくりやすい分量）
クーベルチュール（ノアール、オ・レ）　2kg以上

刻む

1 クーベルチュールの端から斜めに刻む。刻む面積が小さいほうが簡単に刻むことができるのでクーベルチュールが三角になるように切る。包丁はパン切り包丁など、刃が長いものがよい。

2 大きなものがあればさらに刻む。粉状になるまで刻んでしまうと早く溶けて温度が上がってしまうので、親指の爪くらいの大きさがよい。

3 刻んだクーベルチュールの1/3量をステンレス製のボウルに入れる。

溶かす

4 ボウルより一回り小さな鍋に湯を沸かし、ここにボウルをのせ、時々混ぜながらゆっくり溶かす（湯せんの湯がボウルに入らないように注意する）。

5 粒がなくなったら残したクーベルチュールの1/2量を加えて溶かし、溶けたら残りを加えて溶かし、温度をノアール50〜55℃、オ・レ45〜50℃まで上げる。ボウルを鍋からはずし、そのままおいて34℃まで下げる。

温度調整

6 クーベルチュールの1/3量をボウルに残し、残りをマーブル台の上に流す。チョコレートに空気を入れないように、チョコレートとマーブル台を密着させるようにトライアングルを動かし、薄く広げる。マーブル台に接しているチョコレートの面は温度が低く、表面は高い。混ぜて均一な温度にするための作業。

7 全体をひとつにまとめ、再び6の作業を繰り返す。同様にトライアングルを動かし、薄く広げる。マーブル台に接しているチョコレートの面は温度が低く、表面は高い。混ぜて均一な温度にするための作業。

8 ノアール27〜28℃、オ・レ26〜27℃になったら、ボウルに手早く戻す。

9 ボウルの中のチョコレートと混ぜて、全体をノアール31〜32℃、オ・レ29〜30℃に上げる。低い場合はボウルの底にガス火をサッと当てて温めて温度調節をする。

保温する

10 テンパリングができたら、ウォーマーに入れるか湯せんにかけて保温して30〜32℃をキープする。

【ボウルを使う場合】

マーブル台がない場合は、大きめのボウルでもできる。
粒状のクーベルチュールを使い、温度を調節する。
粒状のものも、板状のものと成分は変わらないが、
溶けやすく、混ぜやすいなどのメリットがある。

材料（つくりやすい分量）
クーベルチュール（ノアール）　2kg
クーベルチュール（ノアール・粒状のもの）　適宜

刻んで溶かす

1 クーベルチュールを刻んで溶かし、温度を50〜55℃まで上げ、そのままおいて34〜35℃まで下げる刻み方は「マーブル台を使う場合」の**1**〜**5**と同じ（22〜23ページ参照）。

温度調節

2 粒状クーベルチュールを少量ずつ混ぜ、クーベルチュールの温度が27〜28℃になるまで下げる。

3 ボウルの底をガス火に軽く当てて温め、火からはずしてよく混ぜる。またはドライヤーを使うこともできる。これを繰り返して粒状クーベルチュールを完全に溶かし、温度を32℃まで上げる。31〜32℃になったらテンパリング完了。テンパリングができたら、ウォーマーか湯せんにかけて保温して30〜32℃をキープする（22〜23ページ参照）。

➤ テンパリングのポイント ◄

温度計で計る

クーベルチュールを溶かす→冷やす→温めるという工程を経るテンパリング。それぞれの温度が重要になるので、必ず温度計で温度をチェックすること。

保温前にチェックする

温度調節が終了したら、正しくテンパリングできているかをチェックする。クーベルチュールをカードまたはオーブン用の紙に少量を取り、室温に置いておく（a、b）。正しくテンパリングできていれば5分ほどできれいに固まる。テンパリングされていないと、長い時間たっても固まらない（c）。正しくテンパリングされていないときは、もう一度ノアール50〜55℃、オ・レ45〜50℃、ブランシュ40〜45℃まで上げてやり直す。

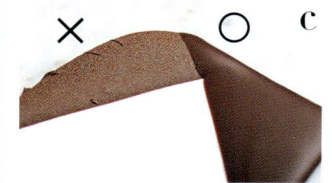

a

b

× ○ c

【クーベルチュール ブランシュの場合】

マーブル台を使う方法で、ノアール、オ・レと同じだが、温度が異なる。

材料（つくりやすい分量）
クーベルチュール（ブランシュ）　2kg以上

刻んで溶かす

1 クーベルチュールを刻んで溶かし、温度を40〜45℃まで上げ、そのまま置いて33℃まで下げるのは「マーブル台を使う場合」の**1**〜**5**と同じ（22〜23ページ参照）。ブランシュの場合、作業方法は同じだが、温度が異なる。

温度調節

2 クーベルチュールの1/3量をボウルに残し、残りをマーブル台の上に流す。

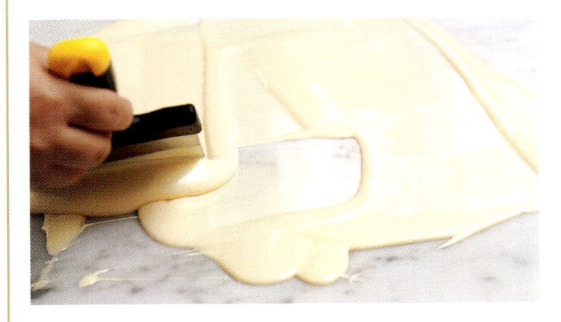

3 クーベルチュールに空気を入れないように、クーベルチュールとマーブル台を密着させるようにトライアングルを動かし、薄く広げる。

4 クーベルチュールが25〜26℃になり、粘りが出たらボウルに手早く戻す。

5 ボウルの中のクーベルチュールと混ぜて、全体を28〜29℃に上げる。低い場合はボウルの底をサッと火に当てて温めて温度調節をする。

保温する

6 テンパリングができたら、ウォーマーか湯せんにかけて保温して28〜29℃をキープする。

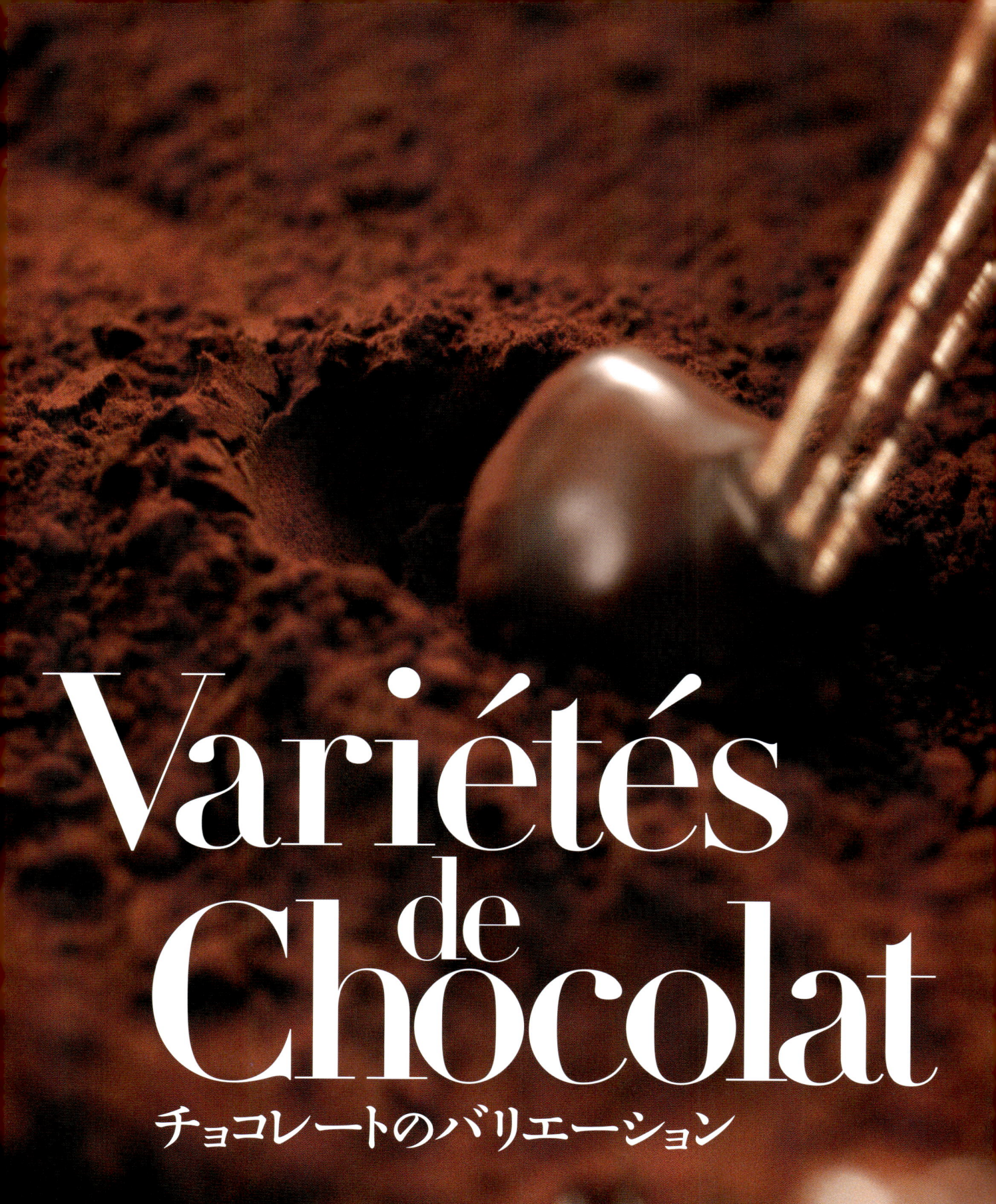

Variétés de Chocolat

チョコレートのバリエーション

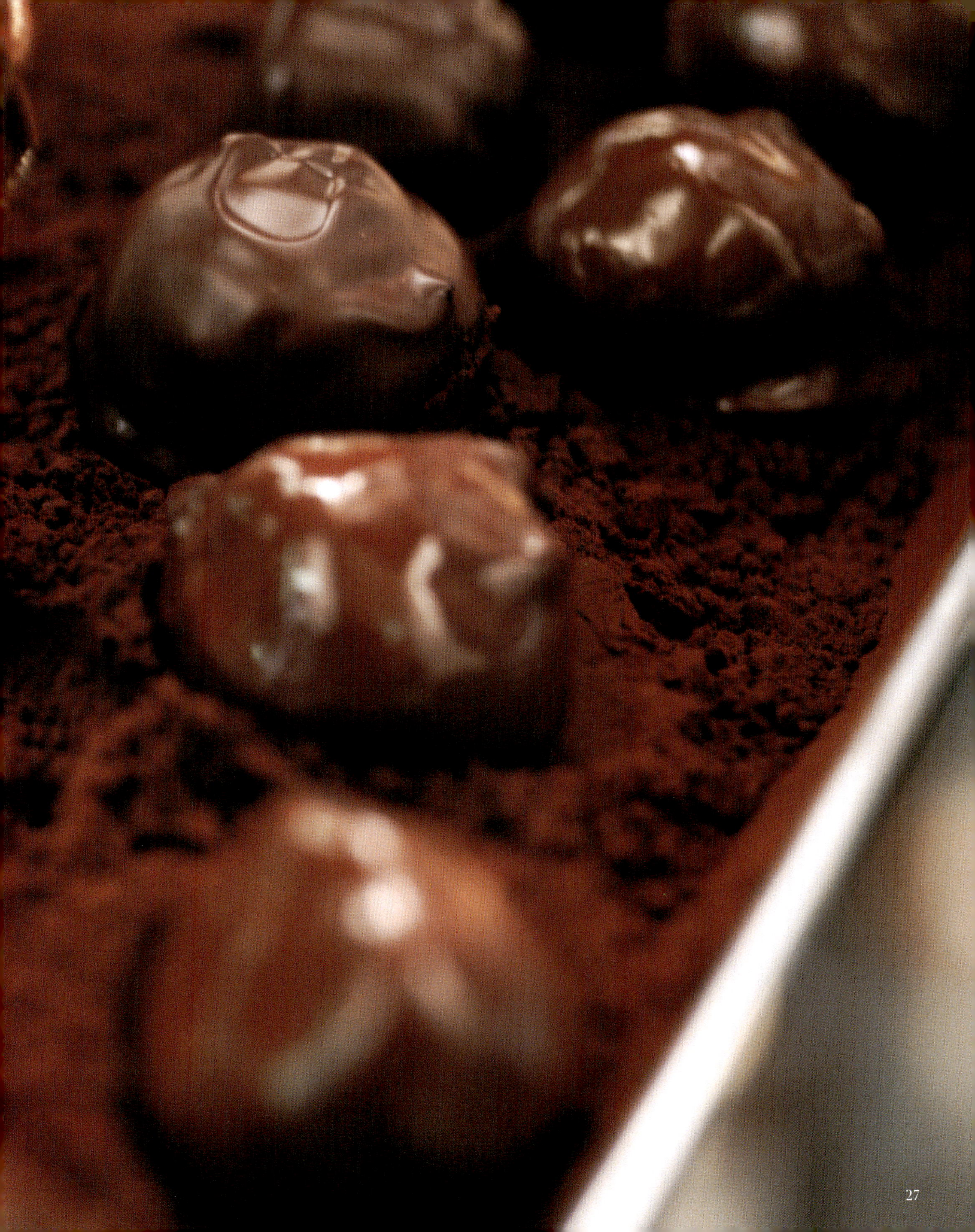

Amandes Chocolat et Orangettes

アマンドショコラと オランジェット

　テンパリング（温度調節）ができたクーベルチュールで、まずはつくりたいのがアマンドショコラとオランジェット。アーモンドとオレンジピールにチョコレートをかけたもので、最も基本的なチョコレート菓子のひとつだ。

　僕は「お菓子のおいしさの七割は材料で決まる」と思うので、アーモンド、オレンジピールも素材選びが重要。アーモンドはスペイン産の最高級品種マルコナ種を、オレンジピールは香り豊かで苦みもしっかりと残るスペイン産のものを使っている。

　アマンドショコラをつくるにはていねいさと力強さが要求される。アーモンドの表面にキャラメルをコーティングしてカリッと香ばしくさせる。これにチョコレートを何回かに分けてかけていくが、もうひたすら混ぜる！　これに尽きます。

　オランジェットはオレンジピールにアーモンドプードル（アーモンドの粉）をまぶし、アーモンドダイス（粒状のアーモンド）を混ぜたチョコレートをかける。アーモンドを加えることで、コクと香ばしさが増して、チョコレートとオレンジのおいしさが際立つ。オレンジはジューシーでチョコレートは薄いのが理想なので、チョコレートは欲張らずに薄めにつけること。

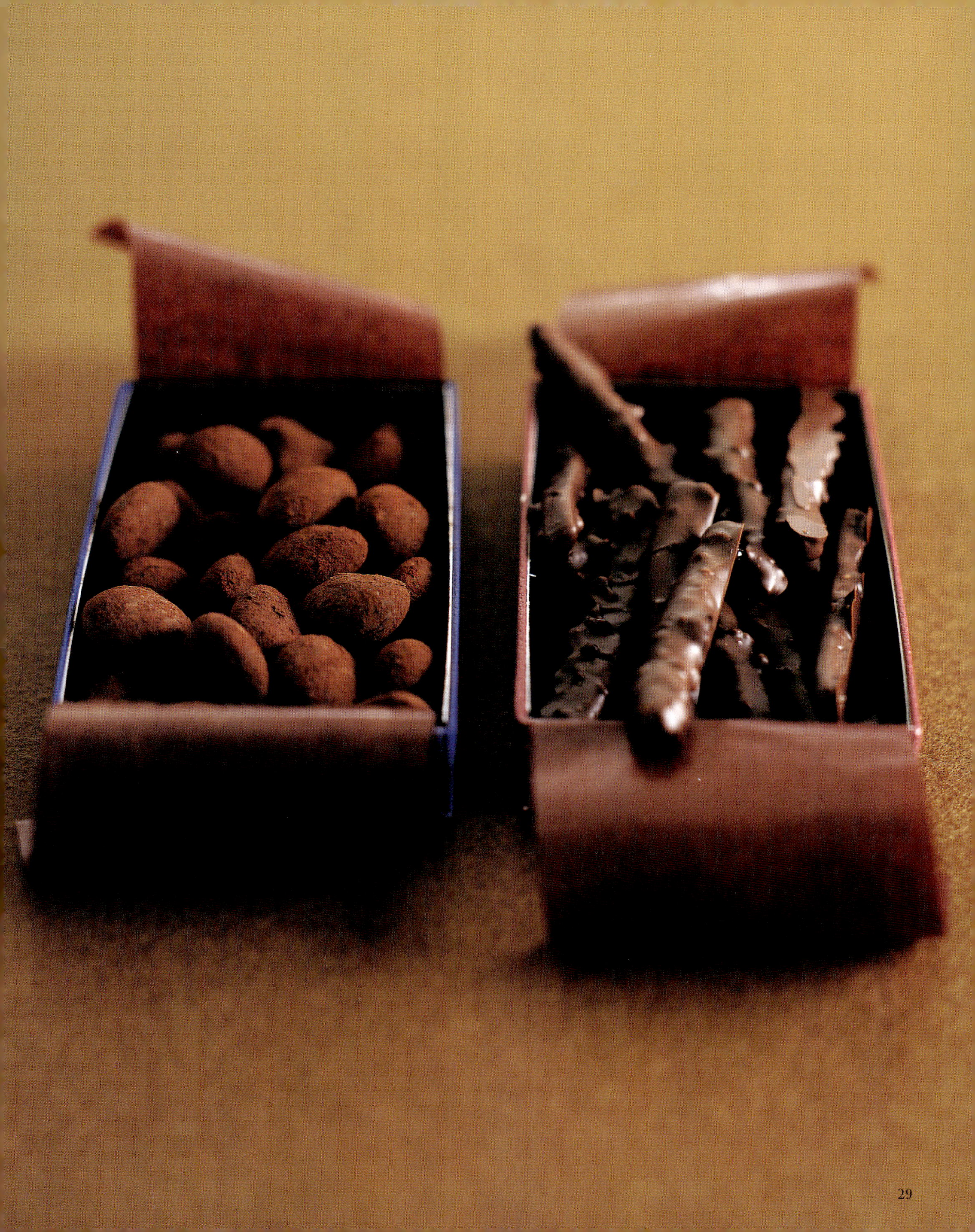

Amandes Chocolat
アマンドショコラ

アーモンドの香ばしさと、チョコレートの組み合わせは安心できるおいしさがある。アーモンドはあとでキャラメリゼするので、ローストするときに焼きすぎないこと。

材料（つくりやすい分量）

クーベルチュール　400g
　ノアール・カカオ分70％。テンパリングしたもの
　《22～25ページ参照》
アーモンド（スペイン産マルコナ種）　500g
グラニュー糖　135g
水　45g
バター（食塩不使用）　20g
ココアパウダー（無糖）　20g

スペイン産アーモンド
日本に輸入されるアーモンドのほとんどがカリフォルニア産。スペイン産は質がよいが、輸入量は少ない。マルコナ種は小粒で、丸い形が特徴。

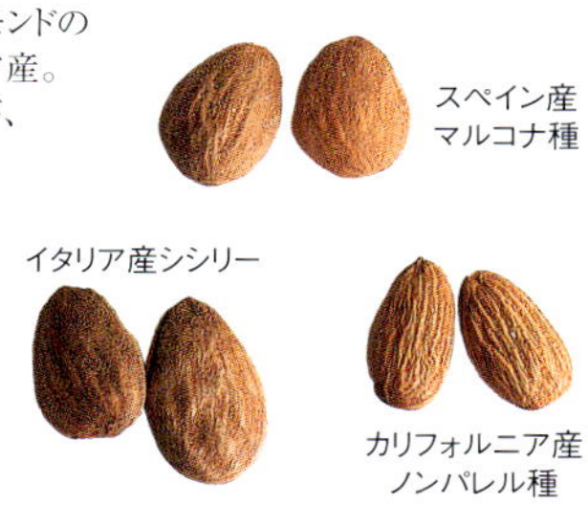

スペイン産マルコナ種
イタリア産シシリー
カリフォルニア産ノンパレル種

→ 手順 ←

テンパリング（22～25ページ参照）
　↓
1　下準備
　　アーモンドをロースト
　↓
2　キャラメリゼする
　↓
3　クーベルチュールをかける
　↓
4　ココアをまぶす

下準備

1　天板にアーモンドを重ならないように並べ、170℃のオーブンで8分ほど焼き、軽くローストする。

2　キャラメリゼするときにも火が入るので、薄く色がつくくらいであまり焼きすぎないこと。左:焼く前。右:ローストしたもの

キャラメリゼする

3　大きめの銅製のボウルにグラニュー糖と分量の水を入れ、強火にかける。大きめのボウルのほうが混ぜやすい。

4　火にかけたまま混ぜずにそのまま117℃まで煮詰める。必ず温度計で確認すること。

5　アーモンドを加えて中火にし、アーモンド全体にあめをからめるように混ぜる。

6　ネバネバした状態でひと塊になるが、根気よく混ぜ続ける。

7 ネバネバしたものがサラッとして1コずつ離れ、表面もキャラメル色になったらバターを加えて混ぜる。ここで、バターの油分で完全に1コずつになる。焦げ茶色の、いい色になったら火を止める。

8 大理石の作業台（ステンレス台でもよい）にアーモンドをあけ、すぐにパレットナイフで平らにならす。冷めると固まってしまうので、手早く作業をする。パレットナイフで1コずつを分離させるように混ぜながら冷ます。

9 手で触れるくらい冷めたら、さらに手で1コずつ分離させて完全に冷ます。

クーベルチュールをかける

10 アーモンドをボウルに入れ、テンパリングしたクーベルチュールの1/5量を加える。作業中にクーベルチュールが30℃くらいに冷めてきたら、ガス火に軽く当てて、再び32℃まで上げて作業する。

11 ボウルを回し、ボウルの底からこするようにして、アーモンドがくっつかないように混ぜる。

12 1コずつがバラバラになり、クーベルチュールが固まってきたらOK。

13 残りのクーベルチュールを4回くらいに分けて加え、同様に混ぜながらチョコがけをする。

14 4回繰り返したところ。最後のクーベルチュールを加えて混ぜる。

15 1コ1コがバラバラになり、クーベルチュールが固まったら完了。

ココアをまぶす

16 クーベルチュールがけができたら、すぐにココアパウダーをふり入れて混ぜる。

17 クーベルチュールが固まり、混ぜるとカリカリと音がするようになったら完成。

Orangettes
オランジェット

オレンジの香りがさわやか。
さらにアーモンドもまぶし、味わいにコクを加える。
細切りオレンジピールがない場合は、
ブロックを細く切ってもよい。

材料（つくりやすい分量）

クーベルチュール　1500g
　ノアール・カカオ分70％。テンパリングしたもの
　《22〜25ページ参照》
オレンジピール（細切り）　200g
アーモンドプードル　100g
アーモンドダイス　150g

オレンジピール
コンフィ・ド・オレンジ（オレンジの砂糖漬け）を使用。
スペイン産のオレンジをフランスで
加工したもので香りが高い。

→手順←

テンパリング
↓
1　下準備
↓
2　オレンジを乾かす
↓
3　アーモンドプードルをまぶす
↓
4　クーベルチュールをかける

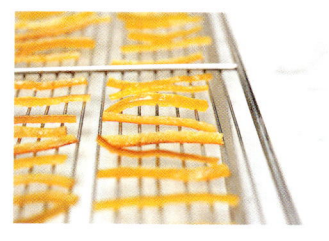

オレンジを乾かす

1 オレンジを網に並べ、水分をとばす。ベタベタしていた表面が乾燥すればよい。急ぐ場合は150℃のオーブンで3〜5分焼いて水分をとばしてもよい。

アーモンドプードルをまぶす

2 バットにアーモンドプードルを広げ、オレンジを加えて表面全体にまぶす。

3 2を少量ずつふるいに入れ、ふるって余分なアーモンドプードルを落とす。残ったアーモンドプードルは他のお菓子づくりに使える。

クーベルチュールをかける

4 小さめのボウルにテンパリングをしたクーベルチュールを入れ、アーモンドダイスを加えて混ぜる。深さがあるほうが作業しやすいので、ボウルは小さめがよい。

下準備

アーモンドプードル、アーモンドダイスはそれぞれ天板に広げ、150℃のオーブンに入れ、時々混ぜながら薄いきつね色になるまで10〜12分ほど焼く。ともに焼いてうまみを引き出す。

5 オレンジをフォークにのせ、1本ずつクーベルチュールをかける。クベーチュールの中にオレンジを沈めて、全体にからめる。

6 フォークで引き上げ、ボウルの縁で余分なクーベルチュールを落とす。クーベルチュールは薄めにつけること。作業中にクーベルチュールが30℃くらいに冷めてきたら、ガス火に軽く当てて、再び32℃まで上げて作業する。

7 シリコンペーパーを敷いた天板に、間隔をあけて並べて固める。

失敗例
オレンジピールをしっかり乾燥していないと、クーベルチュールをかけてすぐに水分が出てくる。これはクーベルチュールが傷む原因になり、日もちがしない。

---

column vol.1
さらにチョコレートを知る

「チョコレート菓子」と「製菓用のチョコレート」はまったく違うもの

コンビニやスーパーで買う量販品の板チョコレートと、菓子づくりに使うチョコレートは見た目には似ているが違うもの。

「クーベルチュール」については14〜17ページでも説明したように、原料のほとんどがカカオの固形分とカカオバター。ノアール（ブラック）はこれに砂糖、オ・レ（ミルク）は砂糖と粉乳を加えたもの。カカオの固形分にもカカオバターが含まれているが、さらにカカオバターを加えて流動性をよくしている。カカオ分何％と表示があるが、この「カカオ分」とはカカオの固形分とカカオバターを合わせた量のこと。カカオ分70％のノアールなら、残りの約30％は砂糖など。

一方、量販品のチョコレート菓子はカカオの固形分からカカオバターを抜いて、パーム油などの植物油を混ぜてつくられる。これは常温でも溶けないようにするため。砂糖を50％ほど混ぜ、ブラックでも粉乳を混ぜることが多い。味や香りは弱く、溶かすとボテボテとして流動性が悪いので作業がしにくい。菓子づくりには製菓用のものを、必要に応じて22〜25ページの要領でテンパリングして使うこと。

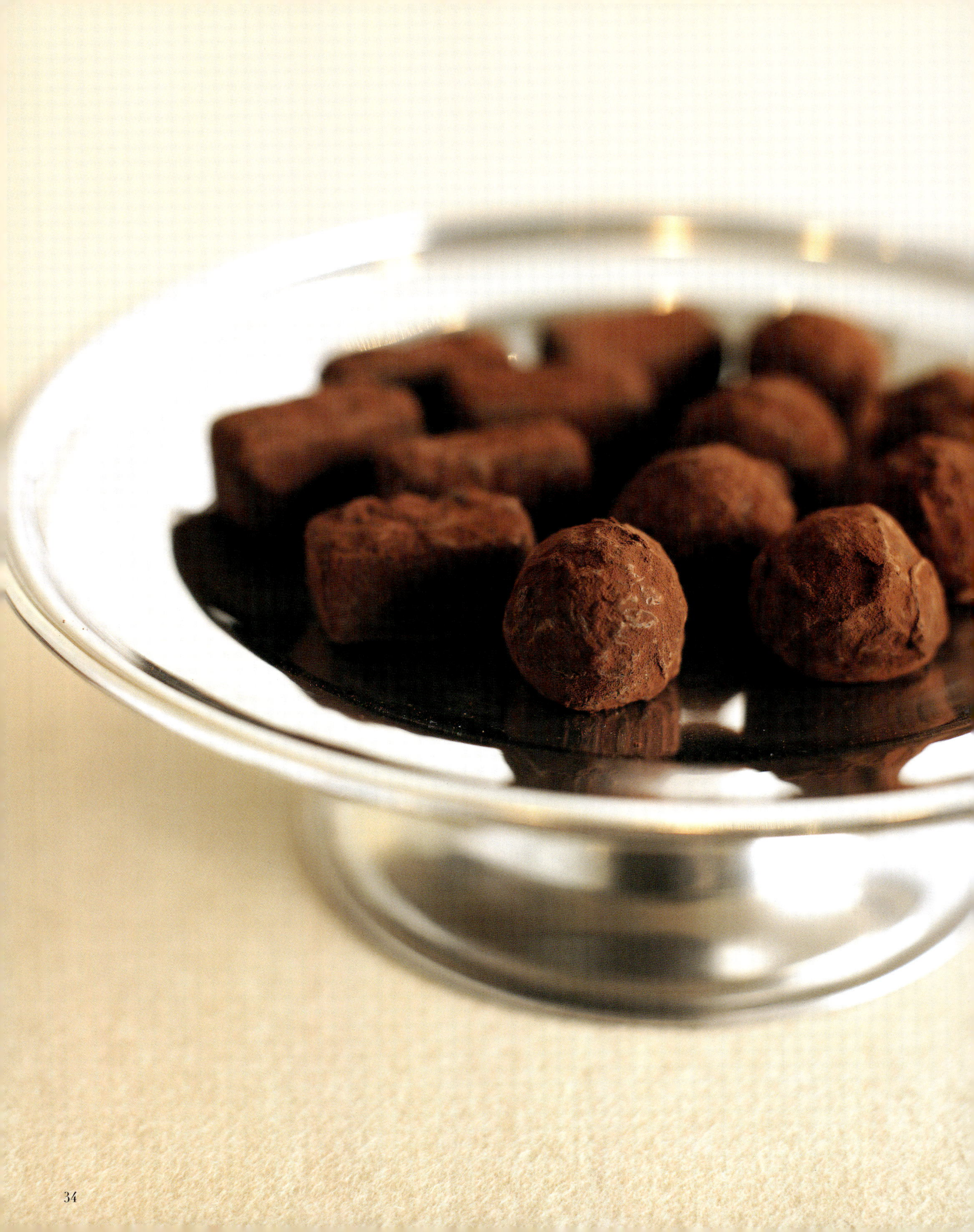

Truffes
Les Truffes à La Vanille
Les Truffes au Cognac

Variétés de Chocolat

トリュフ
トリュフバニラ／トリュフコニャック

　トリュフはボンボン・オ・ショコラ（一口サイズのチョコレート菓子の総称）を代表するもの。きのこのトリュフから名づけられているように、本来は丸くてココアがついたものだったが、形も棒状のものや、粉砂糖をまぶしたものまでトリュフと呼ばれている。基本はチョコレートと生クリームを混ぜたガナッシュをセンター（芯）にし、その周囲にチョコレートを薄くコーティングする。ガナッシュに洋酒やハーブを加えたり、タイプが違うチョコレートの組み合わせで味のバリエーションが広がる。

　製法は単純だが、完成までには意外に時間がかかる。ガナッシュをつくったら室温において自然に冷まし、絞り出して形をつくったら2日ほどおいて乾燥させてと、本当はゆっくりと時間をかけてつくると失敗しない。

　トリュフのおいしさは、センターのガナッシュの口当たりで決まる。チョコレートに沸騰させた生クリームを加えて混ぜるが、ここでしっかり乳化させることが大事。最初はゴムべらで真ん中から、小さく混ぜて乳化させ、ここで核をつくる。次に泡立て器にかえ、小刻みに動かしながらしっかりと乳化させる。きちんと乳化されたガナッシュは、なめらかな口当たりになる。

　センターができたら、テンパリングしたチョコレートを薄くコーティングする。この作業を"トランペ"といい、2回繰り返して薄くまぶすのが理想。仕上げにコーティングするチョコレートは、テンパリング（温度調節）をしたクーベルチュールを使う。

Les Truffes à La Vanille
トリュフバニラ

チョコレートにはもともと
バニラの香りがつけてあるので、
そのままでもバニラ風味に仕上がる。
形も小丸で、基本中の基本の一品。

材料（約100コ分）

【センター】

クーベルチュール　490g
　ノアール・カカオ分65%前後。テンパリングしたもの
　《22〜25ページ参照》

生クリーム（脂肪分38%）　250g

転化糖＊　25g

バター（食塩不使用）　50g

【カバーリング】

クーベルチュール　2kg
　ノアール・カカオ分70%。テンパリングしたもの
　《22〜25ページ参照》

ココアパウダー（無糖）　適宜

＊ショ糖をブドウ糖と果糖に分解したもので、
濃厚な甘みがある。

→手順←

テンパリング（22〜25ページ参照）
　↓
1　センターをつくる
　↓
2　形をつくる
　↓
3　トランペする（1回目）
　↓
4　トランペする（2回目）

センターをつくる

1　クーベルチュールは包丁で粗く刻んでボウルに入れる。

2　生クリームを鍋に入れ、転化糖を加えて火にかける。

3　生クリームがふわっと煮立ったら1のボウルに加える。

4　ゴムべらで軽く混ぜ、3分ほどおいて余熱でクーベルチュールを溶かす。

5　真ん中の部分で小さく混ぜてクーベルチュールとクリームを乳化させ、少しずつ全体を混ぜて乳化させる。

6　泡立て器にかえ、泡立て器を立てて前後に小刻みに動かし、生クリームとクーベルチュールをよく乳化させて口溶けをよくする。

7　つやが出てきたら、常温に戻したバターを加える。

8 泡立て器でさらに練り混ぜて乳化させる。

9 スプーンですくい、指で筋をつけても流れ落ちてこない状態で筋が残るならしっかり乳化できた目安。

10 乳化できたら20℃前後の室温に、5〜6時間おいて20℃まで自然に冷まして絞りやすい堅さにする。

11 急ぐ場合は、ボウルの底に氷水を当て冷ます。常に混ぜながら冷ますが、氷水に当てたり、はずしたりしながら徐々に20℃前後まで下げていくこと。長く氷水につけておくと外側だけ固まるので、氷水に当てたりはずしたりし、常に混ぜること。

形をつくる

12 口径1cmの口金をつけた絞り袋にセンターを入れ、シリコンペーパーの上に約2.5cm径(約8g)に絞り出す。頭のほうが少し大きめのすわりのある丸形が理想。

13 そのまま20〜30分ほどおいて乾燥させる。手袋をして、とがった部分をつぶして丸くする。

トランペする [1回目]

14 手袋をし、テンパリングしたクーベルチュールを手に取り、トリュフを2〜3コのせ、手の中で転がしてコーティングする。

15 再びシリコンペーパーの上において乾燥させる。これを繰り返してすべてのトリュフにコーティングする。

トランペする [2回目]

16 トリュフをテンパリングしたクーベルチュールの中に落とす。フォークで沈めて全体にたっぷりつけて引き上げる。

17 軽く吹いて余分なクーベルチュールを落とす。

18 ココアパウダーの中に落とし、上のクーベルチュールが固まるまでしばらくおく。クーベルチュールが固まったら、フォークで転がしてココアパウダーをまぶす。

19 ふるいに入れて軽く転がし、余分なココアパウダーを落とす。

Les Truffes au Cognac
トリュフコニャック

ガナッシュにコニャックをたっぷりと混ぜ込んだもの。
形は"バニラ"と同じように絞り出して、
丸く仕上げてもよい。

材料（約100コ分）

【センター】

クーベルチュール　500g
　ノアール・カカオ分65％前後。テンパリングしたもの
　《22〜25ページ参照》

生クリーム（脂肪分38％）　250g

転化糖*・バター（食塩不使用）　各25g

コニャック　35g

【カバーリング】

クーベルチュール　2kg
　ノアール・カカオ分70％。テンパリングしたもの
　《22〜25ページ参照》

ココアパウダー（無糖）…適宜

＊ショ糖をブドウ糖と
果糖に分解したもので、
濃厚な甘みがある。

→手順←

テンパリング（22〜25ページ参照）
↓
1　センターをつくる
↓
2　センターを固める
↓
3　トランペする［1回目］
↓
4　形をつくる
↓
5　トランペする［2回目］

センターをつくる

1 クーベルチュールは包丁で粗く刻んでボウルに入れる。

2 生クリームを鍋に入れ、転化糖を加えて火にかける。

3 生クリームがふわっと煮立ったら1のボウルに加える。

4 ゴムべらで軽く混ぜ、3分ほどおいて余熱でクーベルチュールを溶かす。

5 真ん中の部分で小さく混ぜてクーベルチュールとクリームを乳化させ、少しずつ全体を混ぜて乳化させる。

6 泡立て器にかえ、泡立て器を立てて前後に小刻みに動かし、生クリームとクーベルチュールをよく乳化させて口溶けをよくする。

7 つやが出てきたら、常温に戻したバターを加える。

8 コニャックを少しずつ加え、そのつど泡立て器で乳化させる。多量のコニャックを加えると分離するので、必ず少しずつ加えること。

9 泡立て器でさらに練り混ぜて乳化させる。スプーンですくい、指で筋をつけても流れ落ちてこない状態で筋が残るならしっかり乳化できた目安。

10 乳化できたら20℃前後の室温に、しばらくおいて28℃前後まで冷ます。

センターを固める

11 1.5cm角のアルミ製の棒を4本準備。天板の上にシリコンペーパーを敷き、アルミ棒で約25cm×25cmの枠をつくる。ここにセンターを流し入れる。

12 パレットナイフで表面を平らにならす。

13 20℃前後の室温に4〜5時間ほどおいて固める。

トランペする[1回目]

14 アルミ棒とセンターの間にナイフを入れて、アルミ棒をはずす。

15 テンパリングしたクーベルチュールをパレットナイフにつけ、表面をなでて薄くコーティングする。

16 乾いたら、シリコンペーパーをかぶせる。

17 もう1枚の天板をのせて上下を返す。シリコンペーパーをはがす。

18 底の面にも同様にテンパリングしたクーベルチュールを薄くコーティングする。

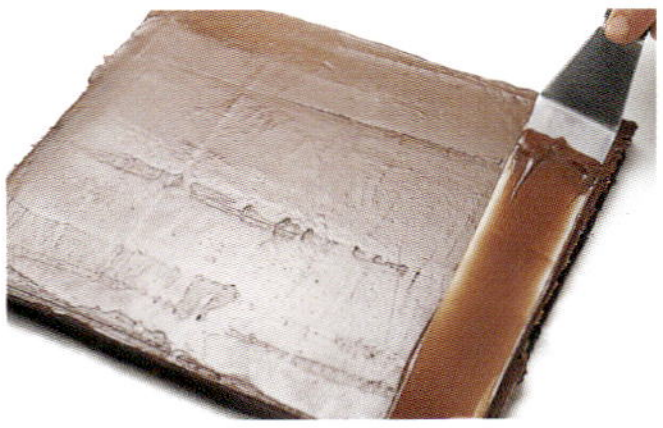

形をつくる

19 ギターカッターで1.5cm×2.5cmにカットする。家庭では温めた包丁でカットするとよい。

トランペする[2回目]

20 テンパリングしたクーベルチュールの中にトリュフを落とす。フォークで沈めて全体にたっぷりつけて引き上げる。

21 軽く吹いて余分なクーベルチュールを落とす。

22 ココアパウダーの中に落とし、クーベルチュールが固まるまでしばらくおく。クーベルチュールが固まったら、フォークで転がしてココアパウダーをまぶす。

23 ふるいに入れて軽く転がし、余分なココアパウダーを落とす。

Bonbons au chocolat
Cerises au kirsch
Manon

ボンボン・ショコラ
スリーズ／マノン

「ボンボン・オ・ショコラ」にはたくさんの種類があるが、センター（芯）に特徴がある2種を取り上げる。まずは、さくらんぼをキルシュに漬け込んだものを使った「スリーズ」。さくらんぼが出回るときに漬け込んで、製品に使用できるのには3か月後とちょっと時間がかかるが、ぜひ、自分でキルシュに漬けたものでつくってほしい。小ぶりで、甘みが強い日本のさくらんぼが合うので、うちの店では北海道でとれる〝水門〟という品種を使っているが、佐藤錦でもおいしくつくれる。このチョコはフォンダンがなじんで溶けてきたころがおいしいので、食べごろは製造後1週間から。

もうひとつは、ベルギーの伝統的ショコラ「マノン」。日もちがしないので日本ではあまり紹介されていない。

センターはよくすり混ぜたバターに生クリームを混ぜたマノンクリームで、口に含むとふわっと溶ける。ベルギー風バタークリームといったところ。カチッと固まらないので、チョコレートをトランペ（チョコレートを薄くコーティングすること）するときに、形をくずさないように気を遣うこと。ここでは星形の口金で絞り出したが、丸口金で丸く絞り出してもよい。こちらのほうが慣れないうちはやりやすいと思う。

スリーズはチョコレートとフォンダンの甘み、キリッとしたキルシュの風味が口の中にしっかりと残る。マノンは濃厚なのに、ふわっとした口溶けはクセになるおいしさ。いろいろなものと組み合わせを楽しめる、チョコレートの奥深さを感じることができる2品だ。

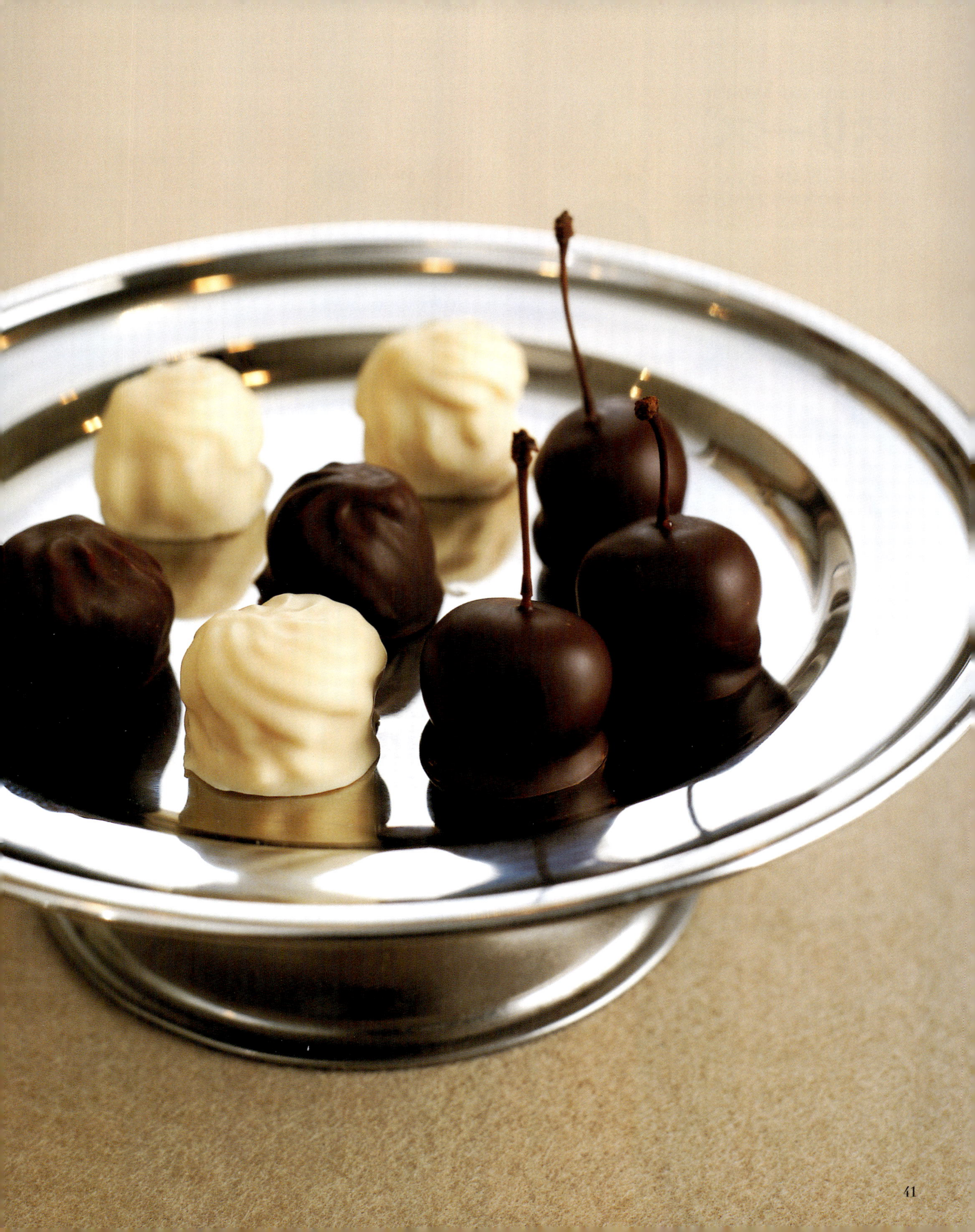

Bonbons au chocolat
Cerises au kirsch
スリーズ

でき上がってしばらくすると、
さくらんぼの茎の部分から汁けが
出てくることがあるが
これは失敗ではない。
気になる場合はふき取るとよい。

材料（約20コ分）
さくらんぼ*1　1パック
キルシュ*2　適宜
フォンダン*3　500g
クーベルチュール　適宜
　ノアール・カカオ分65％。テンパリングしたもの
　《22〜25ページ参照》

*1 小ぶりで少し堅く、甘みがあるものがおすすめ。
アメリカンチェリーのように大粒で
果肉の柔らかいものは向かない。
*2 さくらんぼからつくるリキュール。

*3 フォンダンは糖液をかくはんし、
砂糖を結晶させて白濁化させたもの。

➡手順⇐
1　さくらんぼを漬ける（3か月以上おく）
　　↓
　テンパリング（22〜25ページ参照）
　　↓
2　下準備
　　↓
3　パスティーユをつくる
　　↓
4　フォンダンをつける
　　↓
5　トランペする

さくらんぼを漬ける

1　さくらんぼは洗って水けをよくふく。煮沸消毒した瓶や保存容器に入れ、ヒタヒタまでキルシュを注ぎ、密閉して冷暗所（冷蔵庫など）に3か月以上おく。

2　3か月ほどたつと（写真左）さくらんぼの色は抜けて茶色になる。

下準備

3　漬け込んださくらんぼはざるにあけ、汁けをきる。汁はこして菓子づくりに使う。

4　さくらんぼは紙タオルに並べ、汁けをふく。

パスティーユをつくる

5　天板にシリコンペーパーを敷く。シリコンペーパーでコルネをつくる（157ページ参照）。

6 コルネにテンパリングしたクーベルチュールのノアールを入れて、先を細く切る。

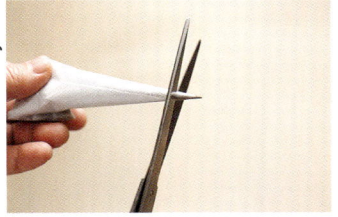

7 天板の上にクーベルチュールを直径1cmほどに、5～6コ絞り出す。

8 天板を下からたたいてクーベルチュールを直径2cmほどに薄く広げる。クーベルチュールが固まってしまうとうまくのびないので、「5～6コ絞り出してはたたいて広げる」を繰り返すとよい。そのまま室温においで固める。

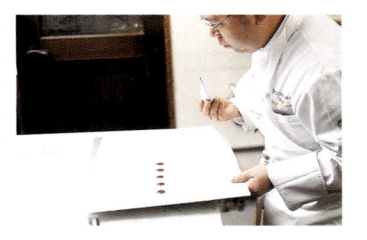

フォンダンをつける

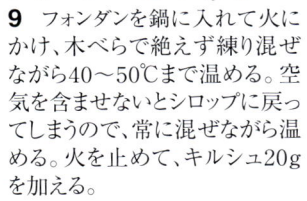

9 フォンダンを鍋に入れて火にかけ、木べらで絶えず練り混ぜながら40～50℃まで温める。空気を含ませないとシロップに戻ってしまうので、常に混ぜながら温める。火を止めて、キルシュ20gを加える。

10 木べらですくって落とし、リボン状にタラタラと落ちる状態が理想。温度と堅さを見てキルシュを加える量を加減する。

11 さくらんぼの4/5までフォンダンをつけ、パスティーユの上にのせる。枝のつけ根までつけずに、枝の周囲を少しあけておく。途中でフォンダンが冷めて堅くなったら、再び火にかけて練り混ぜて柔らかい状態にする。

12 さくらんぼにフォンダンをつけたら、室温で乾燥させる。白く固まればよい。

トランペする

13 クーベルチュールの中に、フォンダンがけしたさくらんぼを沈めて全体につける。

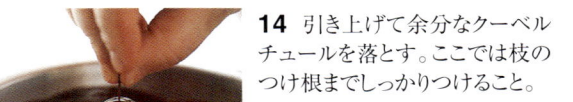

14 引き上げて余分なクーベルチュールを落とす。ここでは枝のつけ根までしっかりつけること。

15 シリコンペーパーを敷いた天板に並べてクーベルチュールを固める。クーベルチュールが固まったらアルミ箔で包んで保存し、1週間後からが食べごろ。

Bonbons au chocolat
Manon
マノン

黒のマノンはマノンクリームのみ。
白のマノンはマノンクリームとラム酒漬けのレーズン入り。
あまり日もちがしないので、2日くらいで食べきること。

材料（黒・白各20コ分）
マノンクリーム
- 生クリーム（脂肪分38％）　200g
- バニラビーンズ　1/4本
- フォンダン*　100g
- バター（食塩不使用）　100g

キルシュ　10g
ラム酒漬けレーズン　40コ
クーベルチュール（ノアール・ブランシュ）　各適宜
　テンパリングしたもの《22〜25ページ参照》

＊フォンダンは糖液をかくはんし、砂糖を結晶させて白濁化させたもの。

でき上がったマノンクリーム。
非常に柔らかい。絞り袋に入れて
パスティーユに絞り出す。

→手順←
テンパリング（22〜25ページ参照）
　↓
1　マノンクリームをつくる
　↓
2　パスティーユをつくる
　↓
3　マノンクリームを絞り出す
　↓
4　トランペする

マノンクリームをつくる

1　鍋に生クリームを入れ、バニラビーンズのさやに切り込みを入れて中の粒をこそげ取り、さやごと加える。

2　フォンダンも加えて中火にかけ、泡立て器で混ぜながら沸騰させる。

3　ふわっと沸騰したら火を止め、ストレーナーでこしながら大きめのボウルに移す。

4　そのままおいて30℃くらいまで冷ます。急ぐときはボウルの底に氷水を当てて冷ましてもよい。

5　別のボウルに室温において柔らかくしたバターを入れ、泡立て器でマヨネーズ状になるまですり混ぜる。

6　5に4を少しずつ加え、よく混ぜる。

パスティーユをつくる

7 天板にシリコンペーパーを敷く。シリコンペーパーでコルネをつくり（157ページ参照）、テンパリングしたクーベルチュールのノアールを入れて、先を細く切る。天板の上にクーベルチュールを直径1cmほどに絞り出す。

8 5〜6コ絞り出したら天板を下からたたいてクーベルチュールを直径2cmほどに薄く広げる。クーベルチュールが固まってしまうとうまくのびないので、「5〜6コ絞り出してはたたいて広げる」を繰り返すとよい。20コ絞り出したら、そのまま室温において固める。

9 もう1つコルネをつくり、テンパリングしたクーベルチュールのブランシュを入れ、**7〜8**と同様にして白のパスティーユを20コつくる。

マノンクリームを絞り出す

10 星形の口金をセットした絞り袋にマノンクリームの半量を詰め、黒のパスティーユの上に高さ3cmくらいに絞り出す（黒マノン用）。

11 残りのマノンクリームにキルシュを加えて混ぜる。

12 星形の口金をセットした絞り袋に**11**を詰め、白のパスティーユの上に少量ずつ絞り出す。その上にラム酒漬けのレーズンを2コずつのせる。

13 さらに**12**のマノンクリームを高さ3cmくらいに絞り出す。室温においてマノンクリームを固める（白マノン用）。

トランペする

14 黒マノン。テンパリングしたクーベルチュールのノアールに、黒のパスティーユのマノンを1コずつ入れる。

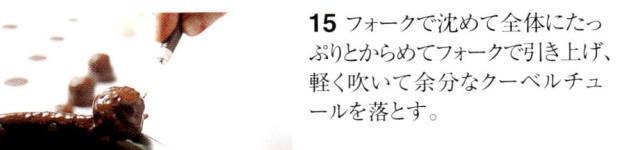

15 フォークで沈めて全体にたっぷりとからめてフォークで引き上げ、軽く吹いて余分なクーベルチュールを落とす。

16 シリコンペーパーの上にのせる。

17 白マノン。同じく、テンパリングしたクーベルチュールのブランシュに、白のパスティーユを1コずつ入れる。

18 フォークで沈めて全体にたっぷりとからめてフォークで引き上げ、軽く吹いて余分なクーベルチュールを落としてシリコンペーパーの上にのせる。すべてトランペしたら室温または冷蔵庫に入れてクーベルチュールを固める。

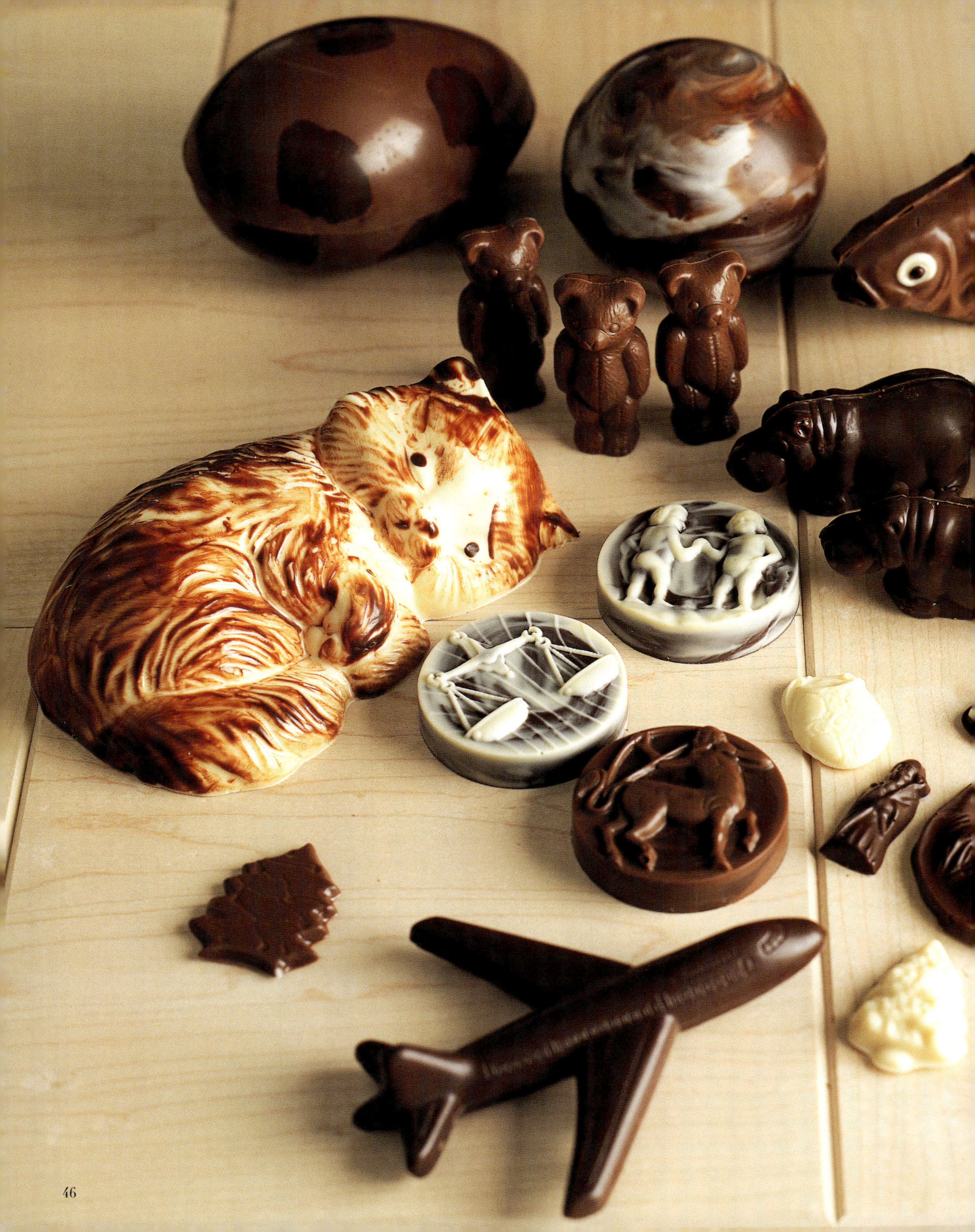

Variétés de Chocolat

Moules à chocolat

ムール・ア・ショコラ

　溶かしたチョコレートをムール（型）に流して、いろんなモチーフに仕立てるのがムール・ア・ショコラ（型抜きチョコレート）。約200年もの歴史があるヨーロッパには、でき上がりが2〜3cmの小さなものから1mを超える大型まで、いろんなモチーフの型がある。クリスマスやイースターなどの行事に欠かせないものなので、型も豊富。ヨーロッパに行くたびに新しい型を探し、ノミの市などでアンティークの型を手に入れることもある。

　つやよく、なめらかな表面に仕上げるために何より大事なのは、正しくテンパリングをしたチョコレートを使用することだ。正しくテンパリングできていないものを使うと、型からはずれなかったり、チョコレートの表面に白い斑点ができるブルーム現象が現れる場合がある。型に流す前に、必ずテンパリングのチェックをすること。またチョコレートの量が少ないとテンパリングしにくいので、最低でもそれぞれ2kgは溶かしたい。

　型に流しては固め、また流しては固めと、作業に時間がかかるものもある。テンパリングしたチョコレートは、温度が下がらないようにウォーマーか湯せんにかけて保温し、それぞれの適温の状態を保つこと。モチーフの形を楽しむだけでなく、ノアール、オ・レ、ブランシュを組み合わせてマーブル模様にしたり、ぼかしたり、または部分的に違う色を使ったりと組み合わせでいろんな表情ができ上がる。

Moules à chocolat
ムール・ア・ショコラ

【型抜きチョコ・4つのポイント】

1 型(ムール)について
材質は、以前は真鍮製の型が多く見られたが、ベークライト製に移行し、現在はポリカーボネート製が主流。さらに最近は柔らかく薄手のペット樹脂製も多くなっている。

真鍮製、ステンレス製 　ポリカーボネート製 　ペット樹脂製

2 はけでぬる
クーベルチュールをはけでぬる場合、空気が入る場合がある。空気が残ると表面に穴ができることになるので、はけを上から押さえながらぬり、空気を入れないようにする。ぬり終わったら型の表から光に透かしてみると、空気が入っているかどうかわかるのでチェックする。

3 きれいにして固める
型にクーベルチュールを流し入れたら、そのつど口からはみ出したクーベルチュールを落とし、きれいな状態にすること。口のまわりについたままにしておくと、クーベルチュールが縮まずに型からはずれなくなる。ナイフを使うときは、ナイフの背で内側に斜めになるように削り取るとよい。

4 型から出す
クーベルチュールを流した型を冷蔵庫に30分ほど入れておくと、クーベルチュールが固まって縮む。真鍮、ステンレス製以外の型は、型の表側から見ると、クーベルチュールと型の間に空気が入って全体が透明に見える。この状態になればきれいにはずせる。型からはずれることを確認し、型の上にステンレス製の板や薄いバットの底をのせてひっくり返す。型を軽くたたいて型からはずす。

➔2枚合わせタイプ◀
上下2枚の型にそれぞれクーベルチュールを流し、型を重ねて固めるタイプ。2枚の型を合わせることで、立体的なものができる。空洞はなく、すべてがクーベルチュールででき上がる。

飛行機
クーベルチュール1色のシンプルなもの。はけで細かい部分にぬってから、たっぷりと流して仕上げる。

材料
クーベルチュール　適宜
　ノアール。テンパリングしたもの
《22〜25ページ参照》

➔手順◀
テンパリング
↓
1 流す
↓
2 固める

流す
1 型はドライヤーで温める。型にノアールをはけでぬる。上から押さえるようにして、空気が入らないように注意する。

2 レードルを使い、ノアールを口いっぱいに流す。

3 トライアングルで上面についた余分なクーベルチュールを落とす。

4 側面についたクーベルチュールもきれいに落とす。型を平らなところに低い位置から数回たたきつけて空気を抜く。

固める
5 もう1枚の型も同じようにつくり、2枚の型をぴったりと重ねて、冷蔵庫で30分ほど冷やす。

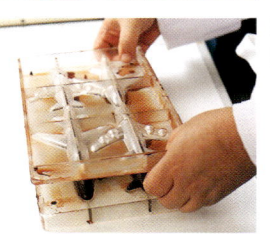

6 型からはずれることを確認し、型をそっとはずす。

クマ
左の「飛行機」と同じつくり方で、クーベルチュールはオ・レ。

材料（つくりやすい分量）
クーベルチュール　適宜
　オ・レ。テンパリングしたもの《22～25ページ参照》

流す
1 型はドライヤーで温める。型にオ・レをはけでぬる。上から押さえるようにして、空気が入らないように注意する。

2 レードルを使い、オ・レを口いっぱいに流す。

3 木べらなどで1コずつ上から押さえて、型の隅々まで行き渡らせる。

4 トライアングルで上面についた余分なクーベルチュールを落とし、側面についたクーベルチュールもきれいに落とす。型を平らなところに低い位置から数回たたきつけて空気を抜く。

固める
5 もう1枚の型も同じようにつくり、2枚の型をぴったりと重ねて、冷蔵庫で30分ほど冷やす。型からはずれることを確認し、型をそっとはずす。

Moules à chocolat
➜ 平面タイプ ➜

クーベルチュールを流すだけで
完成するタイプ。
ノアール×オ・レやブランシュ×オ・レと
クーベルチュールの色の違いを利用して、
形を浮き上がらせる。

自由の女神

台はノアール、女神はオ・レにして、
女神を浮き立たせる。

材料
クーベルチュール　適宜
　オ・レ。テンパリングしたもの
クーベルチュール　適宜
　ノアール。テンパリングしたもの
《22〜25ページ参照》

➜ 手順 ➜
テンパリング
↓
1　流す
↓
2　はずす

流す

1　型はドライヤーで温める。シリコンペーパーでコルネ（157ページ参照）をつくり、ブランシュを流し入れ、口を細く切る。溝に合わせて、ブランシュを流して固まるまで約5分おく。

2　ブランシュが固まったら、ノアールを口いっぱいに流し入れる。

3　型を軽くたたいて、全体に行き渡らせる。冷蔵庫で30分ほど冷やす。

はずす

4　型からはずれることを確認し、型の上にステンレス製の板や薄いバットの底をのせる。型をひっくり返し、型を軽くたたいてはずす。

12星座

1つの型で、オ・レだけのものと、
ブランシュとオ・レでぼかしたものをつくる。

材料
クーベルチュール　適宜
　ブランシュ。テンパリングしたもの
クーベルチュール　適宜
　オ・レ。テンパリングしたもの
クーベルチュール　適宜
　ノアール。テンパリングしたもの《22〜25ページ参照》

流す

1　型はドライヤーで温める。12星座のうち6星座に、ブランシュをはけで薄くぬり、さらに指でのばして細かい溝まで行き渡らせる。

2　残りの6星座にはオ・レをはけで薄くぬり、ブランシュと同じようにさらに指でのばす。

3　レードルを使い、すべてにノアールを口いっぱいに流す。

4　トライアングルで上面についた余分なクーベルチュールを落とし、側面についたクーベルチュールもきれいに落とす。

はずす

5 型の両端を持ち、平らなところに低い位置から数回たたきつけてクーベルチュールの中の空気を抜き、冷蔵庫で30分ほど冷やす。

6 型からはずれることを確認し、型の上にステンレス製の板やバットの底などをのせて、ひっくり返す。

7 型を持ち上げて型からはずす。

ネコ

ノアールをごく薄くぬりつけてからブランシュを流し、リアルな模様をつくる。

材料
クーベルチュール　適宜
　ブランシュ。テンパリングしたもの
クーベルチュール　適宜
　ノアール。テンパリングしたもの
《22〜25ページ参照》

→手順←
テンパリング
↓
1　模様をつける
↓
2　流す
↓
3　はずす

模様をつける

1 型はドライヤーで温める。シリコンペーパーでコルネ（157ページ参照）をつくり、ノアールを流し入れ、口を細く切る。猫の目の部分に絞り出す。

2 指にノアールをつけ、模様の溝にごく薄くぬりつける。

流す

3 型にブランシュをたっぷりと流し入れ（1回目）、型を揺すって全体に行き渡らせる。

4 型を逆さにして余分なブランシュを落とし、口の周囲をきれいにする。

5 型の口を下にして網にさし、固まるまでおく。

6 もう一度型にブランシュをたっぷりと流し入れ（2回目）、全体に行き渡らせる。

7 型を逆さにして余分なブランシュを落とし、口の周囲をきれいにする。型の口を下にして網にさし、固まるまでおく。

8 ほぼ固まったら口の周囲にはみ出したブランシュを、ナイフの背できれいに削り取る。

はずす

9 冷蔵庫で30分ほど冷やす。型からはずれることを確認し、型の上にステンレス製の板やバットの底などをのせて、ひっくり返して型からはずす。

Moules à chocolat
→ 合わせタイプ ←

2枚の型を合わせることで形をつくる。「2枚合わせタイプ」と違い、中は空洞に仕上がる。細工が細かく、写実的な形にでき上がるものが多い。型によっては底部より流し入れて仕上げるものもある。

テレビ

底の口から流し入れる型。細かい部分への流し込みは、コルネを使って行う。

材料
クーベルチュール　適宜
　オ・レ。テンパリングしたもの
クーベルチュール　適宜
　ノアール。テンパリングしたもの
《22〜25ページ参照》

→手順←
テンパリング
↓
1　模様をつける
↓
2　流す
↓
3　固める

模様をつける

1　型はドライヤーで温める。シリコンペーパーでコルネをつくり（157ページ参照）、ここにオ・レを入れて前面の型の画面とチャンネルなどに絞る。冷蔵庫に入れて5分ほど冷やす。

2　裏面の型全体にノアールをはけでぬり、冷蔵庫に入れて5分ほど冷やす。

3　前面の型に、ノアールをはけでぬる。

流す

4　前面の型と裏面の型を合わせて、付属のピンでとめる。

5　型の底部からレードルで、ノアールをたっぷり流し入れる。

6　クーベルチュールの上で型をひっくり返して、型を手で軽くたたきながら余分なノアールを落とす。

7　バットの上に網をのせ、ここに型の底を下にして5分ほどおく。厚みを出すために**5〜7**の作業をもう一度繰り返す。

固める

8　ペティナイフの背を使い、底部の縁のクーベルチュールを削る。ナイフの角度は型の内側に向けて斜めに削るとよい。縁を均一に削っておかないと、クーベルチュールが縮まずに、型からはずれなくなることがある。

9　冷蔵庫で30分ほど冷やし、ピンをはずして型からはずす。

馬

はけでぬってから、型を合わせて型の下の口から流し込んで仕上げる。厚みを出すために2回繰り返す。

材料
クーベルチュール　適宜
　ノアール。テンパリングしたもの
《22〜25ページ参照》

ぬる

1　型はドライヤーで温める。型の内側全体にノアールをはけでぬり、冷蔵庫に入れて5分ほど冷やす。上から押さえるようにして、空気が入らないように注意する。

流す

2 型を合わせて、ピンでとめる。

3 型の底部からレードルで、ノアールをたっぷり流し入れる。

4 クーベルチュールの上で型をひっくり返して、型を手で軽くたたきながら余分なノアールを落とす。バットの上に網をのせ、ここに型の底を下にして5分ほどおく。厚みを出すために3〜4の作業をもう一度繰り返す。

固める

5 ペティナイフの背を使い、底部の縁のクーベルチュールを削る。ナイフの角度は型の内側に向けて斜めに削るとよい。縁を均一に削っておかないと、クーベルチュールが縮まずに、型からはずれなくなることがある。

6 冷蔵庫で30分ほど冷やし、ピンをはずして型からはずす。

コイ

2枚合わせタイプだが底に口がないため、はけでたっぷりぬってから型を合わせて固める。

材料
クーベルチュール　適宜
　ブランシュ。テンパリングしたもの
クーベルチュール　適宜
　オ・レ。テンパリングしたもの
クーベルチュール　適宜
　ノアール。テンパリングしたもの《22〜25ページ参照》

→ 手順 ←
テンパリング
↓
1　模様をつける
↓
2　固める

模様をつける

1 型はドライヤーで温める。シリコンペーパーでコルネを2つつくり（157ページ参照）、1つにはノアールを入れて目を絞る。冷蔵庫に入れて5分ほど冷やす。

2 もう1つのコルネにブランシュを入れて、目のノアールの周囲を丸く囲み、冷蔵庫に入れて5分ほど冷やす。

3 背ビレと尾の部分に、はけでノアールをぬる。

4 ウロコと胸ビレは、ノアールを指でのばして細かい溝までぬる。

5 オ・レをはけにつけ、型全体にたっぷりとぬる。底に口がないタイプなので、厚めにぬること。冷蔵庫に入れて5分ほど冷やす。

固める

6 型の縁にはみ出したクーベルチュールをナイフの背で落とし、型を合わせてピンでとめる。

7 冷蔵庫で30分ほど冷やし、ピンをはずして型からはずす。

Moules à chocolat
➜ 合わせタイプ(大型) ⬅

ニワトリ

でき上がりの高さ約80cmの大型の型。
クーベルチュール3色を駆使して
楽しく仕上げる。型に流し入れるノアールは
5kgほどあるとつくりやすい。

材料

クーベルチュール　適宜
　ブランシュ。テンパリングしたもの
クーベルチュール　適宜
　オ・レ。テンパリングしたもの
クーベルチュール　適宜
　ノアール。テンパリングしたもの《22〜25ページ参照》

➜ 手順 ⬅
テンパリング
　↓
1　模様をつける
　↓
2　流す
　↓
3　固める

模様をつける

1 型はドライヤーで温める。シリコンペーパーでコルネを2つつくり(157ページ参照)、1つにはノアールを入れて目を絞る。しばらくおいて固める。

2 もう1つのコルネにブランシュを入れて、目のノアールの周囲を丸く囲み、しばらくおいて固める。

3 はけにブランシュをつけ、とさかとくちばしをぬる。上から押さえるようにして、空気が入らないように注意する。

4 同じように尾羽をブランシュでぬる。

5 顔の部分は残して、体にもブランシュをざっとぬる。

6 体の部分は指で薄くのばして、細かい溝まで行き渡らせる。

7 オ・レにかえて、首から下は残し、体から尾羽までをはけでぬる。

8 ノアールにかえて、とさかからすべてをはけでぬる。

9 5分ほどおいて固め、型の縁にはみ出したクーベルチュールをトライアングルで落とす。

流す
10 2枚の型を合わせ、付属のピンでとめる。

11 底の口を上にして、レードルでノアールをたっぷりと流し入れる。

12 ノアールの上で口を下にし、型の中の余分なクーベルチュールを落とす。

13 型を横にし、底の部分にさらにノアールをぬって厚みを出し、しばらくおく。大型の型の場合は、重みに耐えられるように底になる部分は少し厚めに仕上げると安定する。

固める
14 クーベルチュールが固まったら、底の部分のクーベルチュールをトライアングルで落としてきれいにする。

15 型を立てて、冷蔵庫に30分ほど入れて冷やし、型をはずす。

Moules à chocolat

→でき上がって合わせるタイプ←

でき上がったチョコレートを合わせて、
立体的に仕上げるタイプ。3色を組み合わせて、マーブル模様をつくる。

ボール

半円を2コ合わせて球体に仕上げる。
模様はクーベルチュール3色を使って
マーブルに。のばしすぎると
マーブル模様にならないので、
様子を見ながらすること。

材料

クーベルチュール　適宜
　　ブランシュ。テンパリングしたもの
クーベルチュール　適宜
　　オ・レ。テンパリングしたもの
クーベルチュール　適宜
　　ノアール。テンパリングしたもの
《22〜25ページ参照》

→手順←

テンパリング
↓
1　模様をつける
↓
2　流す
↓
3　合わせる

模様をつける

1 型はドライヤーで温める。はけでブランシュをところどころぬる。

2 続けてブランシュの上からオ・レ、ノアールをはけでところどころにぬる。

3 口を下にして、様子を見ながら指を「の」の字を書くように動かしてマーブル模様をつくる。5分ほどおいて、トライアングルで上面と側面の余分なクーベルチュールを削り取る。

流す

4 レードルでノアールを口いっぱいまで流し入れ、レードルの底で上から押さえてクーベルチュールを型に落ち着かせる。

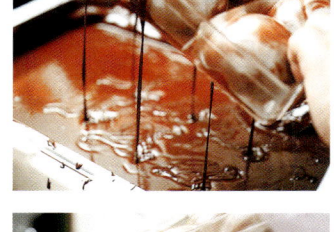

5 すべてに流し入れたら、ノアールの上で型をゆっくりとひっくり返してクーベルチュールを戻す。勢いよく返すと、厚みが偏るので少しずつ傾けてゆっくり戻す。

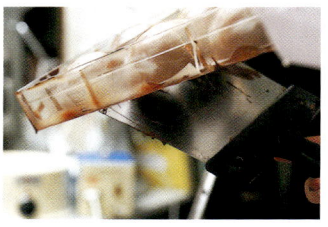

6 口を下にしたまま、トライアングルで上面についたクーベルチュールを落とす。

7 バットの上に網をのせ、ここに型の口を下にして5分ほどおく。厚みを出すために4〜7の作業をもう一度繰り返し、5分ほどおく。トライアングルで縁をきれいにして、冷蔵庫で30分ほど冷やす。

合わせる

8 型からはずれることを確認し、型の上にバットの底などをのせて、ひっくり返してはずす。バットの底をバーナーで温める。

9 つくった半球をのせて温め、口の縁のクーベルチュールを軽く溶かす。

10 手早く2コを合わせて仕上げ、残りも同様に仕上げる。バーナーがない場合は、バットに半球を2コのせて、バットをガス火にかざし、バットを温めて溶かしてもよい。溶けたらすぐに合わせられるように、一組みずつ温めて仕上げる。

サッカーボール

五角形の形をきれいに仕上げるためにラインをとってから、中をぬるのがポイント。五角形を1つずつぬっては固めるを繰り返すこと。

材料

クーベルチュール　適宜
　ブランシュ。テンパリングしたもの
クーベルチュール　適宜
　オ・レ。テンパリングしたもの
クーベルチュール　適宜
　ノアール。テンパリングしたもの《22〜25ページ参照》

模様をつける

1 型はドライヤーで温める。シリコンペーパーでコルネをつくり(157ページ参照)、ノアールを入れる。ドットがある五角形の部分に絞る。ラインがきれいに出るように、縁に絞り出す。それから全面に絞り出して埋め、しばらくおいて固める。

2 それから全面に絞り出して埋め、しばらくおいて固める。

流す

3 ブランシュを型の中にたっぷりと入れ、型を回して全体に行き渡らせる。ブランシュの上で型を逆さにして、一気に余分なブランシュをあける。

4 バットの上に網をのせ、ここに型を立て5分ほどおく。

5 型の口からはみ出したブランシュを、ナイフの背で削り落とす。厚みを出すために**3〜5**の作業をもう一度繰り返し、5分ほどおく。ナイフの背で縁をきれいにして、冷蔵庫で30分ほど冷やす。

合わせる

6 型からはずれることを確認し、型の上にバットの底などをのせて、ひっくり返してはずす。あとは左ページの「ボール」を参照して合わせる。

エッグ

はけでつけた模様はノアールで、本体はオ・レ。仕上げ方は「ボール」と同じ。

材料

クーベルチュール　適宜
　ノアール。テンパリングしたもの
クーベルチュール　適宜
　オ・レ。テンパリングしたもの《22〜25ページ参照》

模様をつける

1 型はドライヤーで温める。はけにノアールをつけ、型のところどころにはけ目をつける。しばらくおいて固める。

流す

2 レードルでオ・レを口いっぱいまで流し入れ、レードルの底で上から押さえてクーベルチュールを型に落ち着かせる。

3 すべてに流し入れたら、オ・レの上で型をゆっくりとひっくり返してクーベルチュールを戻す。勢いよく返すと、厚みが偏るので少しずつ傾けてゆっくり戻す。

4 口を下にしたまま、トライアングルで上面についたクーベルチュールを落とす。バットの上に網をのせ、ここに型の口を下にして5分ほどおく。

5 厚みを出すために**2〜4**の作業をもう一度繰り返し、5分ほどおく。トライアングルで縁をきれいにして、冷蔵庫で30分ほど冷やす。

合わせる

6 型からはずれることを確認し、型の上にバットの底などをのせて、ひっくり返してはずす。あとは左ページの「ボール」を参照して合わせる。

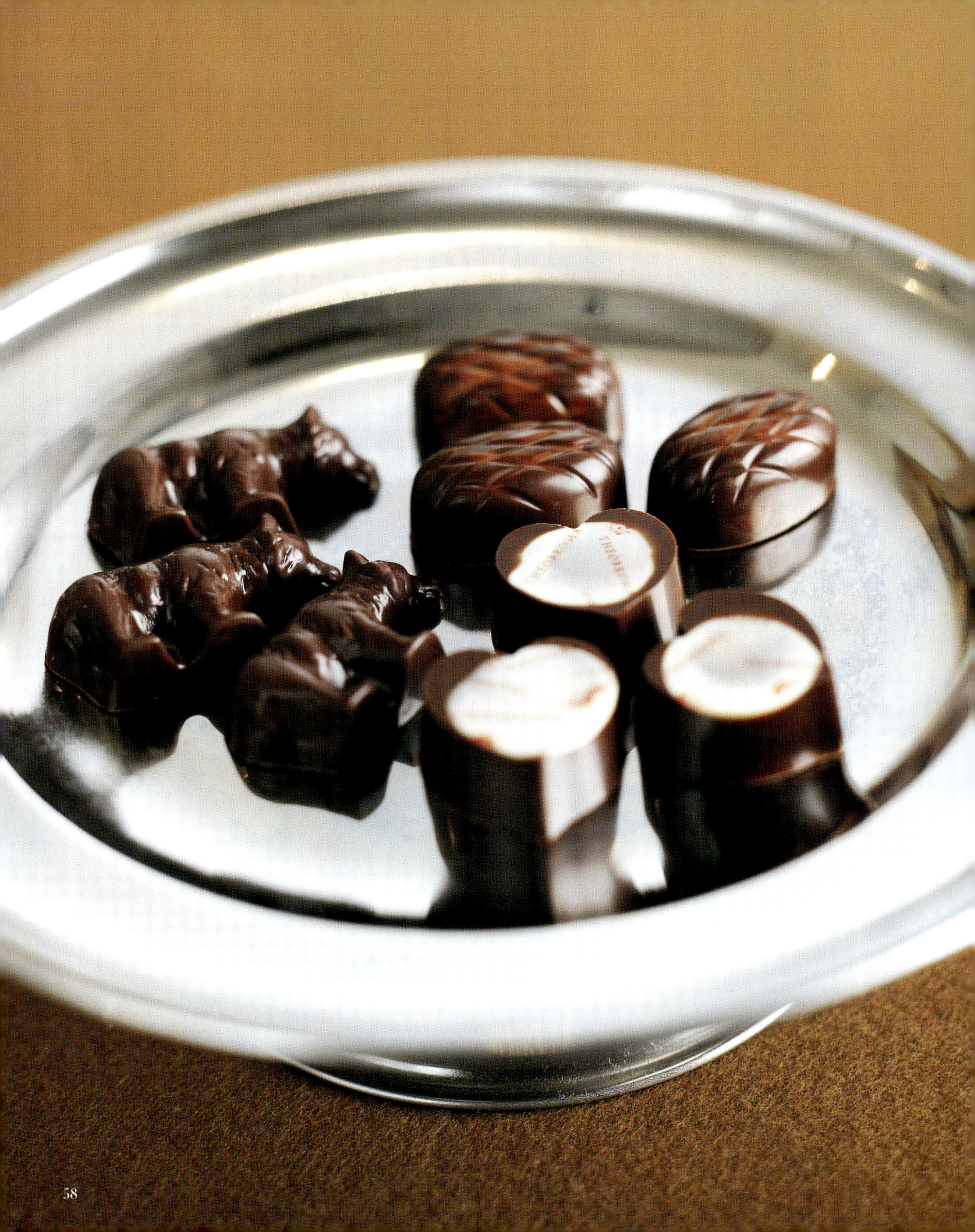

Bonbons au chocolat moulés

Caramel salé Vanille
Figue
Gianduja

ボンボン・ショコラ・ムーレ

キャラメル・サレ・バニーユ
フィグ／ジャンドゥジャ

　テンパリングをしたクーベルチュールを型（ムール）に流し、その形を楽しむものには、センターにいろんな味を詰めて「ボンボン・ショコラ」に仕立てるものもある。小さめの型にクーベルチュールを流し、センターを詰めて仕上げる。

　型抜きチョコレートは正しくテンパリングしたチョコレートを準備するのが大事。そのチョコレートをできるだけ薄く、均一になるように型に流すのがポイント。外側のチョコレートが厚いと、口溶けがよくないので。口に含むと外側のチョコレートがふわっと溶け、すぐにセンターが口に広がるのが理想だ。

　ここでは、一つは塩をきかせたキャラメル、もう一つはいちじくを入れたガナッシュ、さらにナッツの香りが濃厚なジャンドゥジャの3種のセンターを紹介。クーベルチュールのノアール、オ・レ、ブランシュの組み合わせを駆使することで、オリジナルな「ボンボン・ショコラ」に仕上がる。

　センターの味わいを楽しむだけではなく、センターはシンプルなガナッシュにして型のデコレーションで楽しさを表現するのもおもしろい。

Bonbons au chocolat moulés
Caramel salé Vanille
キャラメル・サレ・バニーユ

一口大の小さな型を使用。クーベルチュールを流す前に、
ドライヤーで温める。
センターは塩をきかせたキャラメル。
転写シートで模様をつけ、
白×黒模様のハート形に仕上げた。

材料（100コ分）
【センター】
- グラニュー糖　240g
- 水あめ　175g、水　45g
- はちみつ*　45g
- 生クリーム　410g
- バニラビーンズ　1/2本
- 粗塩（ブルターニュ産）　5g
- バター（食塩不使用）　95g

クーベルチュール（ブランシュ、ノアール）　各適宜
　テンパリングしたもの《22〜25ページ参照》

転写シート　7枚

* 今回は百花みつを使用。他には、
栗や松のはちみつなど個性的な香りのものが合う。

「ボンボン・ショコラ・ムラージュ」に
使用した型。
センターを詰めるために、
深さがあり、
一口大のものがよい。

➜手順⇐
テンパリング（22〜25ページ参照）
　↓
1　型の準備
　↓
2　センターをつくる
　↓
3　型に流す
　↓
4　仕上げる

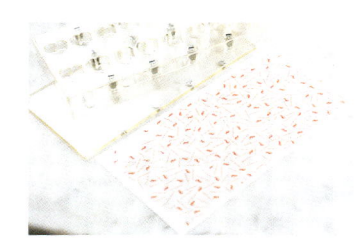

型の準備
1 型に転写シートをセットする。

センターをつくる
2 鍋にグラニュー糖、水あめ、水を入れて火にかける。沸騰したらアクをすくう。

3 1にはちみつを加えてしばらく中火にかけておく。

4 その間に別の鍋に生クリームを入れ、バニラビーンズの中の粒をナイフの背でこそげ取り、さやとともに加える。

5 3が焦げてキャラメル状になったら火を止め、4のクリームを少しずつ加えて泡立て器で混ぜる。

6 5を再び火にかけ、沸騰したら泡立て器で混ぜて全体をなめらかにする。さらに加熱し、110℃になったら塩を加え、115℃になったら火を止める。

7 バターを加えて泡立て器でよく混ぜて、バターを溶かす。

8 センターが完成。

9 マーブルの台に**8**を少量取り出し、常温に冷ましてから口に含み、なめらかさを確認する。

10 バニラのさやを除き、バット（34cm×24cm）に流し入れて、常温で冷まして固める。

型に流す

11 クーベルチュールのブランシュをオーブン用の紙でつくったコルネ（157ページ参照）に入れ、型に少量ずつ絞り出す。

12 クーベルチュールのノアールをレードルですくい、**11**の型にたっぷりと流し入れる。

13 トライアングルで余分なノアールを落とす。

14 型をゆっくりと返して逆さにし、型を軽くたたいて型の中の余分なノアールを落とす。

15 型を返し、トライアングルで型の上面、側面についたノアールを落としてきれいにし、型をたたいて厚みを均一にする。シリコンペーパーの上に、口を下にして5分ほど置く。

16 クーベルチュールが固まったところ。

仕上げる

17 直径1cmの丸口金をセットした絞り袋にセンターを詰め、ひとつひとつの型の中に、型の九分目まで絞り出す。型を軽くたたいて中の空気を抜き、冷蔵庫に5分ほど入れて表面を固める。

18 表面にサッとドライヤーをかけ、縁のクーベルチュールを少し溶かす。型の上面にクーベルチュールのノアールを流す。

19 トライアングルで全体に薄くのばす。表面を平らにならし、上面、側面についたノアールを落とし、冷蔵庫に30分入れて冷やし固める。

20 型からはずれることを確認し、型からそっとはずす。

Bonbons au chocolat moulés
Figue
フィグ

センターはガナッシュに、フィグ（いちじく）を刻んで混ぜたもの。クーベルチュールのノアールとオ・レでぼかし模様にする。

材料（100コ分）
【センター】
干しいちじく（セミドライ）＊　100g
クーベルチュール（オ・レ）　215g
クーベルチュール（ノアール・カカオ分60％）　60g
生クリーム　180g
水あめ　15g
カカオバター　5g
バター（食塩不使用）　5g
オレンジリキュール　15g
クーベルチュール（ノアール、オ・レ）　各適宜
　テンパリングしたもの《22〜25ページ参照》

＊干しいちじくの中でも水分が残った柔らかいタイプ。

➡手順⬅
テンパリング（22〜25ページ参照）
　↓
1　センターをつくる
　↓
2　型に流す
　↓
3　仕上げる

センターをつくる

1　いちじくを粗く刻む。

2　クーベルチュールのオ・レとノアールを粗く刻み、ボウルに入れておく。

3　鍋に生クリームと水あめ、カカオバターを入れて火にかける。

4　沸騰したら2のクーベルチュールのボウルに一気に加える。ゴムべらで軽く混ぜてなじませ、1〜2分ほどおく。

5　泡立て器にかえて、真ん中の部分で小さく前後に小刻みに混ぜて乳化させ、少しずつ全体を混ぜて乳化させる。

6　バター、オレンジリキュール、刻んだいちじくの順に加え混ぜる。

型に流す

7 ドライヤーで温めた型にクーベルチュールのノアールを、レードルで細く流し入れる。型を逆さにして、型を軽くたたいて型の中のクーベルチュールを落とす。

8 型を返し、指でノアールをのばして細い溝まで行き渡らせる。指でのばすことで、クーベルチュールの結晶を引っ張り、つやよく仕上がる。

9 トライアングルで型の上面、側面のノアールを落とす。

10 レードルでクーベルチュールのオ・レをたっぷりと流し入れる。

11 型をゆっくりと返して逆さにし、型を軽くたたいて型の中の余分なミルクを落とす。

12 トライアングルで、型の上面、側面についたオ・レを落としてきれいにする。型を返して、平らなところに低い位置から数回たたきつけて厚みを均一にする。同じように、トライアングルで型の上面、側面についたオ・レを落としてきれいにする。オーブン用の紙の上に、口を下にして5分ほどおく。

13 クーベルチュールが固まったところ。

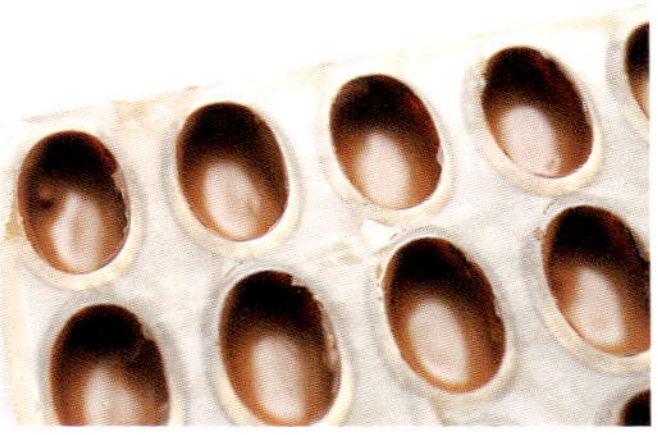

仕上げる

14 直径1cmの丸口金をセットした絞り袋にセンターを詰め、一つ一つの型の中に、口の九分目まで絞り出す。

15 トライアングルで表面をならし、型を軽くたたいて中の空気を抜き、冷蔵庫に5分ほど入れて表面を固める。

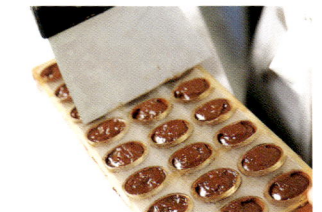

16 型の片側にクーベルチュールのオ・レを流し、トライアングルで全体に薄くのばす。

17 表面を平らにならし、上面、側面についたオ・レを落とし、冷蔵庫に30分入れて冷やし固める。型からはずれることを確認し、型からそっとはずす。

Bonbons au chocolat moulés
Gianduja
ジャンドゥジャ

センターは濃厚なナッツ味。
型はちょっとラブリーなくまの形で。

材料（60コ分）
【センター】
- ジャンドゥジャ*1　113g
- クーベルチュール　63g
  ノアール・カカオ分70％。テンパリングしたもの
  《22〜25ページ参照》
- プラリネペースト
  （アーモンド・ヘーゼルナッツ）*2　各100g
- バター（食塩不使用）…25g

クーベルチュール　適宜
　ノアール。テンパリングしたもの
　《22〜25ページ参照》

*1 砂糖にナッツ（アーモンドやヘーゼルナッツ）を加えてローラーでつぶし、チョコレートやカカオバターを混ぜたもの。（19ページ参照）

*2 プラリネはローストしたナッツ（アーモンドやヘーゼルナッツ）にキャラメルをからませて冷やし固め、砕いたものをローラーでつぶしてペースト状にしたもの。写真左がアーモンド、右がヘーゼルナッツ。

➜ 手順 ←
テンパリング（22〜25ページ参照）
↓
1 センターをつくる
↓
2 型に流す
↓
3 仕上げる

センターをつくる

1 ジャンドゥジャは粗く刻んでボウルに入れ、湯せんにかけておく。半分ほど溶けたら湯せんからはずし、混ぜながら溶かす。30℃以上にならないように注意。

2 別のボウルに、テンパリングしたクーベルチュールを入れ、**1**を加える。

3 ゴムべらでなめらかに混ぜる。

4 さらに別のボウルに、プラリネペースト2種を入れ、ここに**3**を加えてなめらかに混ぜる。

5 ポマード状に練ったバターも加えて、ゴムべらで混ぜ合わせる。

6 泡立て器にかえて、さらによく混ぜる。

型に流す

7 ドライヤーで温めた型に、クーベルチュールのノアールをはけを押しつけるようにして隅々まで薄くぬる。

8 トライアングルで上面のノアールを落とす。

9 レードルにかえて、クーベルチュールのノアールをたっぷりと流し入れ、型を軽くたたいてなじませる。

10 型をゆっくりと返して逆さにし、型を軽くたたいて型の中の余分なブラックを落とす。

11 型を返し、トライアングルで型の上面、側面についたノアールを落としてきれいにし、型をたたいて厚みを均一にする。

12 シリコンペーパーの上に、口を下にして5分ほどおく。

13 クーベルチュールが固まったところ。

仕上げる

14 直径6mmの丸口金をセットした絞り袋にセンターを詰め、一つ一つの型の中に、口の九分目まで絞り出す。型を軽くたたいて中の空気を抜き、冷蔵庫に5分ほど入れて表面を固める。

15 表面にサッとドライヤーをかけ、縁のクーベルチュールを少し溶かす。型の上面にクーベルチュールのノアールを流す。

16 トライアングルで全体に薄くのばす。表面を平らにならし、上面、側面についたノアールを落とす。

17 冷蔵庫に30分入れて冷やし固める。型からはずれることを確認し、型からそっとはずす。

Diversités au Chocolat

チョコレートをアレンジ

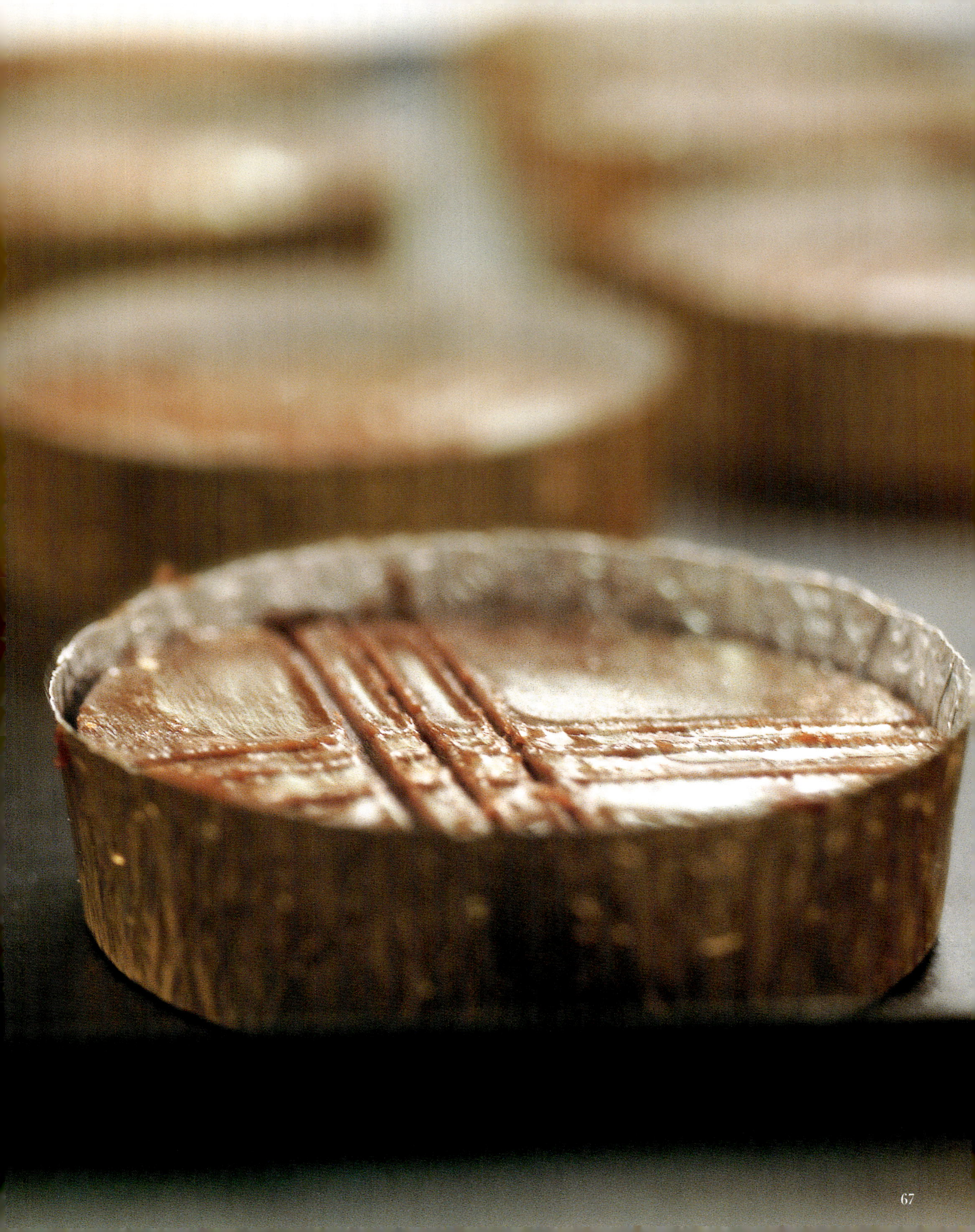

Macaron

Macaron au chocolat
amer

Macaron au chocolat
basilic

Macaron au chocolat
caramel beurre salé

マカロン

アメール／バジル／キャラメル・ブール・サレ

　マカロンはイタリアで生まれ、フランスで完成された歴史の古い菓子。生地は堅く泡立てたメレンゲに、ナッツ類の粉と砂糖を混ぜてつくる。ナッツはアーモンドを使うことが多いが、ノワゼット（ヘーゼルナッツ）やココナツを使うこともある。砂糖は溶けやすい粉砂糖で、コーンスターチが入らないものを使う。

　マカロンは表面はカリッ、中はネチッとした生地が理想。それにはメレンゲへの粉類の混ぜ方と、焼き方が大事なポイントだ。メレンゲに粉類を加えたら、まずはさっくりと混ぜてメレンゲと粉をなじませる。なじんだらメレンゲの泡をつぶす気持で練り混ぜる。生地につやが出て、すくい落とすとトロトロと落ちるのが目安だが、この見極めは長年やっていてもなかなか難しいもの。ボテボテと落ちるようなら、卵白を少し混ぜて調節すること。

　生地を絞り出したら、乾燥させて表面に膜をつくる。乾燥が足りないと、割れる原因になるので冬場で30分から1時間、夏場なら2時間は乾燥させてから焼く。はじめに焼くのは上火だけ。オーブンに入れてすぐに下からの熱が当たると、これも割れる原因になる。下からの熱を遮断して、上火だけで焼くことで膜ができ、生地の周囲にピエ（脚）ができ上がる。下火を切れないときは、天板を2枚重ねて焼くとよい。ピエができたら下火を入れる。

　生地の焼き上がりは平らになるのがよく、ドーム形のものは中が空洞になっているのでよくない。最後は生地にガナッシュをサンドして仕上げる。ガナッシュを変えることで味わいが変わるので、いろいろなバリエーションを楽しみたい。

69

Macaron au chocolat
amer

アメール

アメールはフランス語で苦みの意味で、クーベルチュールとカカオニブでつくる、濃厚でほろ苦いガナッシュをサンドする。カカオニブはカカオ豆そのもので、チョコレートの素になるもの。

材料（約20コ分）
【マカロン生地】
- a ┌ アーモンドプードル　156g
　　├ ココアパウダー（無糖）　25g
　　└ 粉砂糖　255g
- 卵白　165g
- 粉砂糖　75g
- 調整用卵白　小さじ1〜2

【ガナッシュ】
- クーベルチュール（ノアール・カカオ分70％）　250g
- カカオマス*1　20g
- 生クリーム（脂肪分38％）　100g
- 転化糖*2　10g
- バター（食塩不使用）　25g

*1 カカオニブをすりつぶしたもの。ビターチョコレートとも呼ばれる。（18ページ参照）
*2 ショ糖をブドウ糖と加糖に分解したもので、濃厚な甘みがあり、焼き色がつきやすい。

→手順←
1　生地をつくる
　↓
2　焼く
　↓
3　ガナッシュをつくる
　↓
4　仕上げる

生地をつくる

1　**a**のアーモンドプードル、ココアパウダー、粉砂糖を合わせて2回ふるう。ふるうことで空気を含ませ、不純物を取り除く。

2　メレンゲをつくる。ボウルに卵白を入れ、高速のミキサーにかけて泡立てる。

3　ある程度泡立ったら粉砂糖の1/10量ほどを加えて泡立てる。

4　残りの粉砂糖は3〜4回に分けて加えて、鳥のくちばしのような角がしっかり立つまで泡立てる。

5　**4**のメレンゲに、ふるった**1**の粉類を一気に加える。

6　ゴムべらで切るようにして、粉がなじむまでさっくり混ぜる。

7　粉がなじんできたら、気泡をつぶすようにして、しっかり混ぜ合わせる。

8　生地につやが出てくればでき上がり。

9　生地をすくい落とすと、トロトロと流れ落ちる状態ならOK（写真左側）。ボテボテと落ちるようなら（写真右側）、卵白を少し混ぜて調節する。

10 口径1cmの丸形口金をセットした絞り袋に生地を入れる。

焼く

11 シリコンペーパーを敷いた天板に、直径4.5cmの大きさに間隔をあけて40コ絞る。絞ると広がって直径5cmほどになる。

12 天板を軽くたたいて平らにならす。そのまま室温に30分～1時間ほどおき、表面を乾燥させる。

13 180℃のオーブンに入れ、上火で7～8分焼く。ピエ（脚）ができたら下火で4～5分焼く。合計で12～15分焼成する。オーブンから出して冷まし、粗熱を取り、紙をはがしてケーキクーラーの上で冷ます。

ガナッシュをつくる

14 クーベルチュール、カカオマスは粗く刻んでボウルに合わせておく。

15 生クリームを鍋に入れ、転化糖を加えて火にかける。

16 生クリームがふわっと煮立ったら14に加える。

17 ゴムべらで軽く混ぜて、クーベルチュールを溶かす。

18 泡立て器にかえ、よく練り混ぜる。ここでは泡立てるのではなく、生クリームとチョコレートを乳化させ、口溶けをよくする。

19 つやが出てきたらバターを加える。

20 さらにつやよく練り混ぜる。

仕上げる

21 ガナッシュを口径5mmの丸形口金をつけた絞り袋に詰める。マカロンの半量をひっくり返し、中央に絞り出す。

22 残りのマカロンをのせる。

23 上下のマカロンを軽くねじってクリームを安定させる。冷蔵庫に10分おいて冷やす。

Macaron au chocolat
basilic
バジル

バジルの香りを移したガナッシュをサンド。
チョコレートとバジルの香りが融合して、
口に含むと心地よい余韻が残る。

材料（約20コ分）
【マカロン生地】
- アーモンドプードル　156g
- a ココアパウダー（無糖）　25g
- 粉砂糖　255g

卵白　165g
粉砂糖　75g
調整用卵白　小さじ1〜2
バジル（ドライ）　適宜

【ガナッシュ】
クーベルチュール（ノアール・カカオ分70％）　315g
生クリーム（脂肪分38％）　200g
転化糖　20g
バニラビーンズ　1/5本
バジル（ドライ）　2g
バター（食塩不使用）　30g

生地をつくる/焼く

1 「アメール」（70〜71ページ参照）と同様につくり、絞り出した生地の上にバジルを散らして焼く。

ガナッシュをつくる

2 クーベルチュールは粗く刻んでボウルに入れておく。生クリームを鍋に入れ、転化糖を加える。バニラビーンズは切り込みを入れて、中のビーンズを生クリームに加え、バニラのさやとバジルも加えて火にかける。

3 ふわっと煮立ったら火を止め、ふたをして5分ほど蒸らす。

4 ふたをはずし、再び火にかけて沸騰させる。

5 ふわっと煮立ったら、こしながら**2**のクーベルチュールのボウルに加える。

6 ゴムべらで軽く混ぜて、クーベルチュールを溶かす。

7 泡立て器にかえ、よく練り混ぜる。つやが出てきたらバターを加えて、さらに練り混ぜる。

8 ガナッシュのでき上がり。

仕上げる

9 ガナッシュを口径5mmの丸形口金をつけた絞り袋に詰める。マカロンの半量をひっくり返し、中央に絞り出す。

10 残りのマカロンをのせる。上下のマカロンを軽くねじってクリームを安定させる。冷蔵庫に10分おいて冷やす。

Macaron au chocolat
caramel beurre salé
キャラメル・ブール・サレ

キャラメルの苦みの中に、ほんのりと塩味のバターの風味が広がる。
力強い味わいがあるが、口溶けはとても繊細。

材料（約20コ分）

【マカロン生地】

a ┌ アーモンドプードル　156g
　├ ココアパウダー（無糖）　25g
　└ 粉砂糖　255g

卵白　165g、粉砂糖　75g
調整用卵白　小さじ1〜2
カカオニブ（砕いたもの）*1…適宜

【ガナッシュ】

グラニュー糖…125g、水あめ…38g
生クリーム（脂肪分38％）　250g
塩（フルールドセル）　2g
クーベルチュール（オ・レ）　40g
パートドノアゼット*2　25g
プラリネノアゼット*3　25g
バター（食塩不使用）…75g

*1 カカオ豆の皮を除いた中身（胚乳部分）。（18ページ参照）
*2 ノアゼットはヘーゼルナッツのことで、それをペーストにしたもの。
*3 プラリネはキャラメルにヘーゼルナッツを混ぜてペーストにしたもの。

生地をつくる/焼く

1 「アメール」（70〜71ページ参照）と同様につくり、絞り出した生地の上にカカオニブを散らして焼く。

ガナッシュをつくる

2 鍋に水あめを入れて火にかける。ブクブクと沸騰してきたらグラニュー糖の1/3量を加え、木べらで混ぜる。

3 グラニュー糖がなじみ、鍋の周囲が焦げてきたら残りのグラニュー糖の半量を加えてなじませ、同様に残りのグラニュー糖も混ぜる。

4 キャラメルになったら火を止めて、別の鍋でふわっと沸騰させた生クリームの半量を加える。泡が収まったら残りの生クリームを加えてよく混ぜる。

5 再び火をつけて、沸騰させながらよく混ぜ、キャラメルをよく溶かす。火を止めて塩を混ぜ、ボウルに移す。

6 ボウルの底に氷水を当て、混ぜながら冷ます。

7 50℃まで下げたら、粗く刻んでクーベルチュールを加えて溶かす。50℃以上でチョコレートを加えると凝固してしまうので注意。

8 さらに混ぜながら冷まし、35℃になったらパートドノアゼット、プラリネノアゼットを混ぜる。

9 最後に室温に戻したバターを加える。泡立て器にかえてしっかりと練り混ぜる。バターの粒がなくなり、つやが出れば完了。

仕上げる

10 ガナッシュを口径5mmの丸形口金をつけた絞り袋に詰め、マカロンの半量をひっくり返し、中央に絞り出す。残りのマカロンをのせる。上下のマカロンを軽くねじってクリームを安定させる。冷蔵庫に10分おいて冷やす。

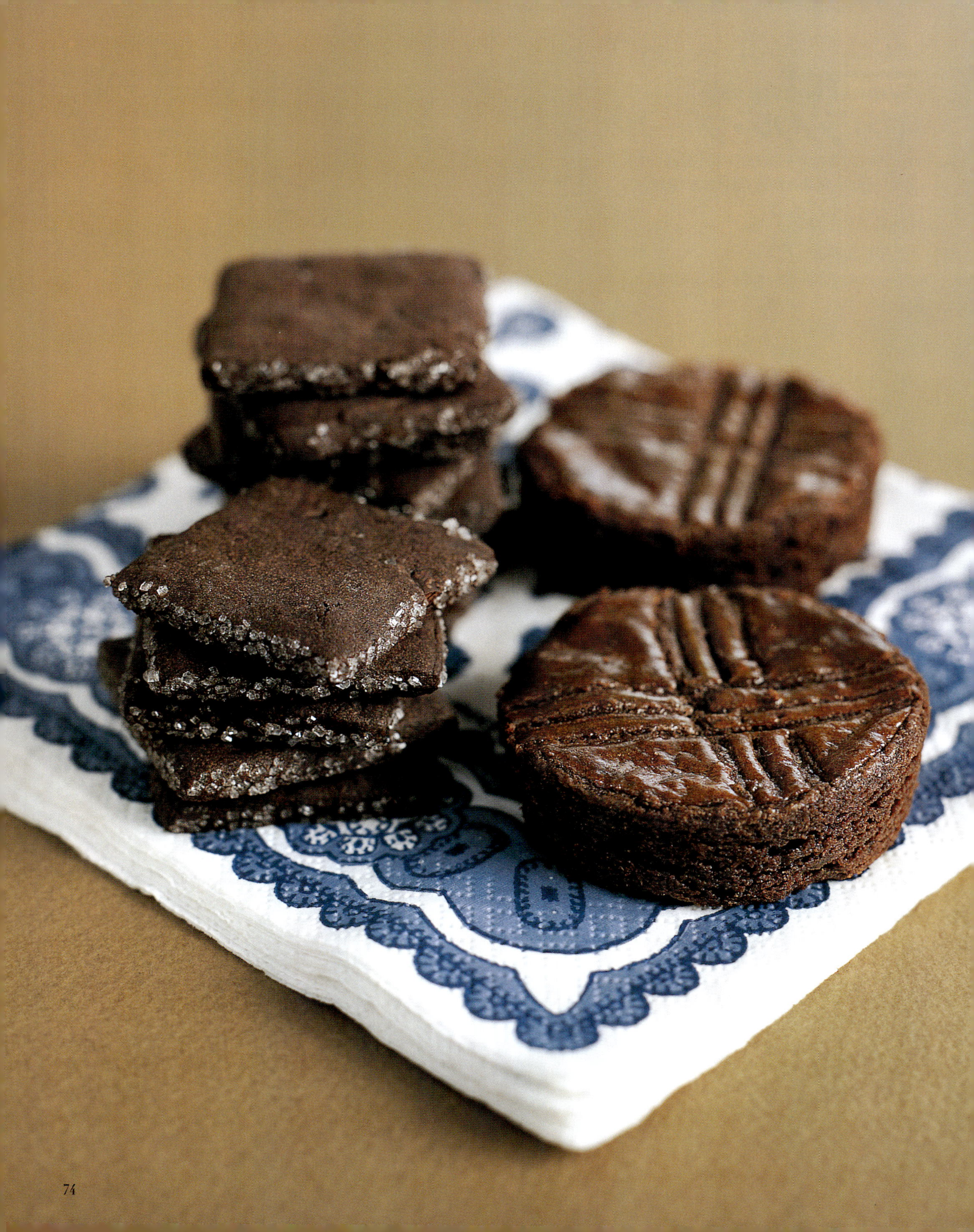

Gâteaux secs
Galette Bretonne au chocolat
Diamant au chocolat

ガトー・セック
ガレット・ショコラ／ディアマン・ショコラ

　丸く、厚く焼いたものが「ガレット ショコラ」で、フランスのブルターニュ地方の伝統菓子。四角いほうが「ディアマン ショコラ」。ディアマンはフランス語でダイヤモンドのことで、周囲に砂糖がついているのが決まりのクッキー。

　2つのクッキーは、生地の配合は違ってもポイントは同じ。まず、バターは練りやすいように刻んで室温においておき、そのバターをマヨネーズ状になるまでしっかり練ること。バターをよく練り混ぜて空気を含ませることで、卵黄が混ざりやすくなりサクサクの口当たりになる。

　バターに砂糖、卵黄と混ぜたら粉類を加える。ここからは手で混ぜること。手のほうが混ぜやすいし、粉と他の材料との混ざり具合も感じることができるから。粉が見えなくなり、粉っぽさがなくなったら生地のでき上がり。粉とバターなどが混ざればいいので、必要以上に混ぜすぎないように。あとは形をつくるとき、まめに冷蔵庫で冷やしながら作業すること。生地がダレて柔らかくなり、扱いにくくなったなと思ったらすぐに冷蔵庫に入れる。扱いにくいと打ち粉を多くふることになり、堅くしまった焼き上がりになってしまう。

　つくりやすい焼き菓子なので、ポイントさえ守れば失敗なく焼き上がる。カカオニブやカカオマスを混ぜ、甘さの奥にほろ苦みを感じるプロならではのクッキーを堪能できる。

Gâteaux secs
Galette Bretonne au chocolat
ガレット・ショコラ

「ガレット」とは丸くて平たいお菓子のこと。
フランスのブルターニュ地方の銘菓で、
塩味をきかせ、サクサクした食感を持つ。
垂直に立ち上がるように垂直に抜き、
アルミカップに入れて焼く。

材料（26コ分）
バター（食塩不使用）　375g
カカオマス*　10g
粉砂糖　225g
卵黄　90g
薄力粉　250g
ココアパウダー（無糖）　50g
アーモンドプードル　75g
塩　3g
つや出し用卵
　卵　1コ
　卵黄　2コ分
打ち粉用強力粉　適宜

＊カカオニブをすりつぶしたもの。
ビターチョコレートとも呼ばれる。
（18ページ参照）

伝統的なガレットは筋が3本。
フォークの端の1本を上に少し曲げて、
3本だけで筋がつくようにしたフォークを使用。

➜手順⇦
1　下準備
　　↓
2　生地をつくる
　　↓
3　形をつくる
　　↓
4　焼く

下準備

1　バターは小さく切ってボウルに入れ、室温において柔らかくしておく。または耐熱のボウルに入れて電子レンジに軽くかけてもよい。

2　粉砂糖はふるう。薄力粉、ココアパウダー、アーモンドプードル、塩は合わせてふるう。

3　カカオマスは粗く刻み、電子レンジ（600W）に20秒ほどかけて溶かす。

生地をつくる

4　柔らかくしたバターを泡立て器で練り、マヨネーズ状にする。

5　溶かしたカカオマスを一気に加えて、泡立て器でカカオマスの筋が見えなくなるまで混ぜる。

6　ふるった粉砂糖を一気に加え、泡立て器でなめらかに混ぜる。

7 卵黄を3回に分けて加え、そのつど泡立て器で卵の筋が見えなくなるまでよく混ぜる。

8 ふるった粉類を一気に加え、手で混ぜ合わせる。

9 粉っぽさがなくなれば生地のでき上がり。

10 バットにラップを敷き、その上に生地を取り出す。生地の上にもラップをかぶせ、生地を平らにならす。冷蔵庫に30分から1時間ほど入れて休ませる。

形をつくる

11 生地を冷蔵庫から取り出し、打ち粉をふった上にのせてめん棒でたたいて柔らかくする。

12 打ち粉をふり、手で生地をのばしてはまとめるを繰り返し、柔らかい状態になるまでこねる。

13 生地がなめらかになったらカードで生地をすくい、ひとつにまとめる。

14 オーブン用の紙に高さ1cmの棒を両側におき、真ん中に生地をのせて手で四角にのばす。

15 生地の上に打ち粉をふり、さらにオーブン用の紙をかぶせ、めん棒で1cm厚さにのばす。

16 天板にオーブン用の紙を敷く。打ち粉をつけた直径6cmのセルクル型をのせ、手で垂直に力をかけ、クルリと型を回して生地を抜く。天板にのせ、生地を押して型から出して天板に並べる。

17 残りの生地はまとめて打ち粉をふり、もう一度なめらかになるまでこねる。14〜15を繰り返し、同様にセルクルで抜いて並べる。

18 卵と卵黄をよく混ぜて、はけで生地の上にぬる。冷蔵庫に10分ほど入れて乾燥させ、もう一度卵液をぬる。

19 フォークで深めに3本ずつ筋をつける。

焼く

20 直径6cmのアルミカップに1コずつ入れ、150℃に温めたオーブンで30分焼く。

Gateaux secs
Diamant au chocolat
ディアマン・ショコラ

カリカリした食感と、香りをよくするカカオニブ入り。
四辺にざらめをつけたら、冷蔵庫で冷やして
少ししめてから焼くこと。

材料（約70枚）
バター（食塩不使用）　210g
粉砂糖　120g
卵黄　30g
薄力粉　250g
ココアパウダー（無糖）　50g
塩　2g
カカオニブ*1　30g
白ざらめ糖（小粒）*2　適宜
打ち粉用強力粉　適宜

*1　カカオ豆から外皮や胚芽を除いたものが
カカオニブ（胚乳部分）。ローストしたものは、
クッキーなどの焼き菓子のトッピングに使われる。
（18ページ参照）
*2　グラニュー糖より結晶が大きい、
精製度が高い砂糖。

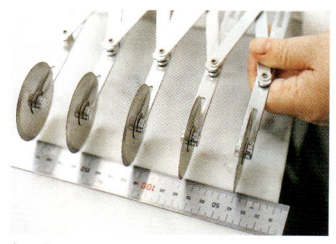

カッター
等間隔に、同時に4列を切ることができるもの。
なければ定規で4cmを計り、ナイフで切り分ける。

→手順←
1　下準備
　↓
2　生地をつくる
　↓
3　形をつくる
　↓
4　焼く

下準備

1　バターは小さく切ってボウルに入れ、室温において柔らかくしておく。または耐熱のボウルに入れて電子レンジに軽くかけてもよい。

2　粉砂糖はふるう。薄力粉、ココアパウダー、塩は合わせてふるう。

生地をつくる

3　柔らかくしたバターを泡立て器で練る。マヨネーズ状になったらふるった粉砂糖を一気に加え、泡立て器でなめらかに混ぜる。

4　卵黄を3回に分けて加える。

5　そのつど泡立て器で卵の筋が見えなくなるまでよく混ぜる。

6　ふるった粉類を一気に加える。

7 手で混ぜ合わせる。

8 ほぼ混ざったらカカオニブを加える。

9 粉っぽさがなくなるまで混ぜる。

10 バットにラップを敷く。カードでラップの上に生地を取り出す。

11 生地の上にもラップをかぶせ、生地を平らにならす。冷蔵庫に30分から1時間ほど入れて休ませる。

形をつくる
12 生地を冷蔵庫から取り出し、打ち粉をふった上にのせる。めん棒でたたいて柔らかくする。

13 生地を半分に折り、打ち粉をふってめん棒でのばす。

14 さらに打ち粉をふりながら、2〜3mm厚さにのばす。

15 バットの底に打ち粉をふる。めん棒に生地を巻き取り、バットの上で巻き戻して広げる。冷蔵庫に10分ほど入れて冷やす。

16 カッターで生地を4cm角に切る。またはナイフで切ってもよい。

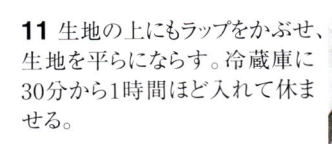

焼く
17 バットに白ざらめ糖を広げ、生地を2枚ずつ持ち、少し押しつけながら四辺に白ざらめ糖をつける。

18 天板に1枚ずつ並べ、冷蔵庫に10分ほど入れて冷やしてから、170℃に温めたオーブンで15分焼く。

Madeleines au chocolat

Diversités au Chocolat

マドレーヌ・ショコラ

　マドレーヌはフランスの伝統的焼き菓子。18世紀の中ごろに、フランス、ロレーヌ地方のコメルシーという街から起こったといわれているが、名前の由来は諸説紛々。ただ、今でもコメルシーはマドレーヌの街として知られている。

　バターの香りのシンプルなものから、オレンジなどのかんきつ類をきかせたものなどたくさんの種類があるが、私がつくるのは、やはりチョコレート味。

　私は子どもでも食べられる、やさしい味のマドレーヌを目指している。チョコレートも混ぜているが、決め手はココアパウダー。赤褐色をした上質のものを使ってほしい。チョコレート味を強くしようとココアパウダーを入れすぎると、生地がしまって口当たりが悪くなるので。粉とのバランスが大事。ココアパウダーだけでもチョコレート風味になるが、どうしてもパサつくのでチョコレートを混ぜてしっとりとさせる。

　つくり方は粉と砂糖を混ぜて、溶いた卵黄、溶かしバター、チョコレートを順々に混ぜるだけ。いたってシンプル。

　混ぜるときにはていねいにすばやく、空気を含ませないようにするのが大事。生地ができたら30分ほどおいておくと、生地の中からポコポコと空気が上がってくる。生地の中に空気が残ったまま焼くと、ボソボソした口当たりになるので注意を。休ませた生地は温度が下がり、ボソボソになっているので、火にかけて生地の温度を40〜43℃くらいまで温めて柔らかくしてから、型に絞り出すこと。

　焼きたてはカリッとした口当たり。それが翌日から翌々日になるとしっとりとした口当たりになり、チョコレートの香りも強くなる。どちらも美味で、どちらも味わってみたい。

81

Madeleines au chocolat
マドレーヌ・ショコラ

半分はそのまま、半分はカカオニブを散らしているが
その割合は好みでかまわない。
流す前の生地の温度、オーブンの温度等にも注意すること。

材料（30コ分）

薄力粉　180g

ココアパウダー（無糖）　30g

ベーキングパウダー　5g

グラニュー糖　200g

卵黄　260g（約14コ分）

バター（食塩不使用）　180g

クーベルチュール（ノアール・カカオ分70％）　35g

カカオニブ＊　15g

型にぬるバター（食塩不使用）　適宜

＊カカオ豆から外皮や胚芽を除いたものがカカオニブ（胚乳部分）で、ここからカカオマスができる。クッキーなどの焼き菓子のトッピングに使われる。（18ページ参照）

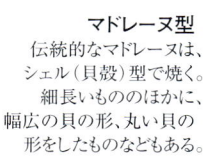

マドレーヌ型
伝統的なマドレーヌは、シェル（貝殻）型で焼く。細長いもののほかに、幅広の貝の形、丸い貝の形をしたものなどもある。

➔手順◄

1. 生地をつくる
   ↓
2. ねかせる
   ↓
3. 型の準備
   ↓
4. 型に流す
   ↓
5. 焼く
   ↓
6. 冷ます

生地をつくる

1 薄力粉、ココアパウダー、ベーキングパウダーを合わせ、軽く混ぜてからふるう。

2 1にグラニュー糖を加えて、泡立て器で混ぜる。

3 卵黄を溶きほぐし、合わせた粉類に加えて、泡立て器で中心から外側に向けて徐々に混ぜていく。

4 ほぼ混ざればよい。粉っぽさが残っていてOK。

5 厚手の小鍋にバターを入れて弱火にかけて完全に溶かす。

6 溶かしバターの半量を5に加え、泡立て器でダマにならないようにすばやく、ていねいに混ぜる。

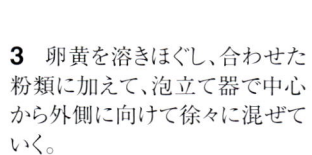

7 ほぼ混ざったら残りの溶かしバターを加える。

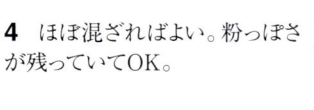

8 できるだけ空気を入れないようにすり混ぜる。なめらかになるまで続ける。

→

Madeleines au chocolat
マドレーヌ・ショコラ

9 クーベルチュールは細かく刻んでボウルに入れ、湯せんにかけてなめらかに溶かす。または電子レンジにかけて溶かしてもよい。

10 溶かしたクーベルチュールを8に加え、全体になじむまで混ぜる。

ねかせる
11 ボウルにラップをして、室温で30分ねかせる。この間に生地に含まれる空気が抜け、生地が落ち着く。

型の準備
12 型にぬるバターを湯せんにかけるか電子レンジにかけて溶かし、はけで型にぬる。室温においておくが、バターが固まらないようなら冷蔵庫に入れて冷やす。

型に流す
13 休ませた生地を、ボウルのまま弱火にかけて温めながら混ぜる。

14 火にかけたりはずしたりしながら、生地を温める。

15 ボソボソとしていた生地が温まり(生地の温度は40〜43℃)、つながってトロトロと流れ落ちるようになればよい。

16 直径8〜9mmの丸口金をセットした絞り袋に、生地を入れる。

17 準備した型の七分目まで生地を絞り出す。型を少し持ち上げて、台に2〜3回落として生地の中の空気を抜く。

18 型の半分にカカオニブを散らす。

焼く

19 オーブンを200℃に温め、型を入れたら180℃に下げて15分焼く。

冷ます

20 焼けたらすぐに型から出す。

21 網の上にオーブン用の紙を敷き、ここにマドレーヌを並べて冷ます。

22 冷めたら、密閉容器に入れて保存する。

---

column vol.2
さらにチョコレートを知る

チョコレートができるまで

産地から送られたカカオ豆が、チョコレート原料工場で、チョコレートになるまでを簡単にまとめてみる。

①焙炒～分離　カカオ豆は焙炒して香りと風味を出し、豆の皮と胚芽を除いて中身の胚乳部分（カカオニブ）を細かく砕く。

②配合～磨砕　ここでチョコレートの風味をよくするために数種類のカカオニブをブレンドするが、最近は単独のままも多くなっている。カカオニブをすりつぶして、ドロドロとした状態のカカオマスができ上がる。

③混合～微粒化　カカオマスに砂糖やミルク、カカオバターなどを混ぜて、ノアールやオ・レなどのさまざまな種類に仕上げる。これをローラーにかけて、微粒子にする。

④精錬　コンチェという機械で、長時間かけて練り上げてチョコレートの香りと風味を完成させる。

⑤調温　さらに温度調節（テンパリング）をして、チョコレートに含まれるカカオバターを安定した結晶にする。

⑥充填～冷却　テンパリングしたチョコレートを型の中に流し込み、振動させて中の気泡を除いてから冷やし固めるとチョコレートの完成。

⑦型抜き～包装　でき上がったチョコレートは型からはずして包装。

⑧熟成　最後はチョコレートの品質を安定させるために、一定温度に保ったところに一定期間置いて熟成させて、ようやく出荷となる。

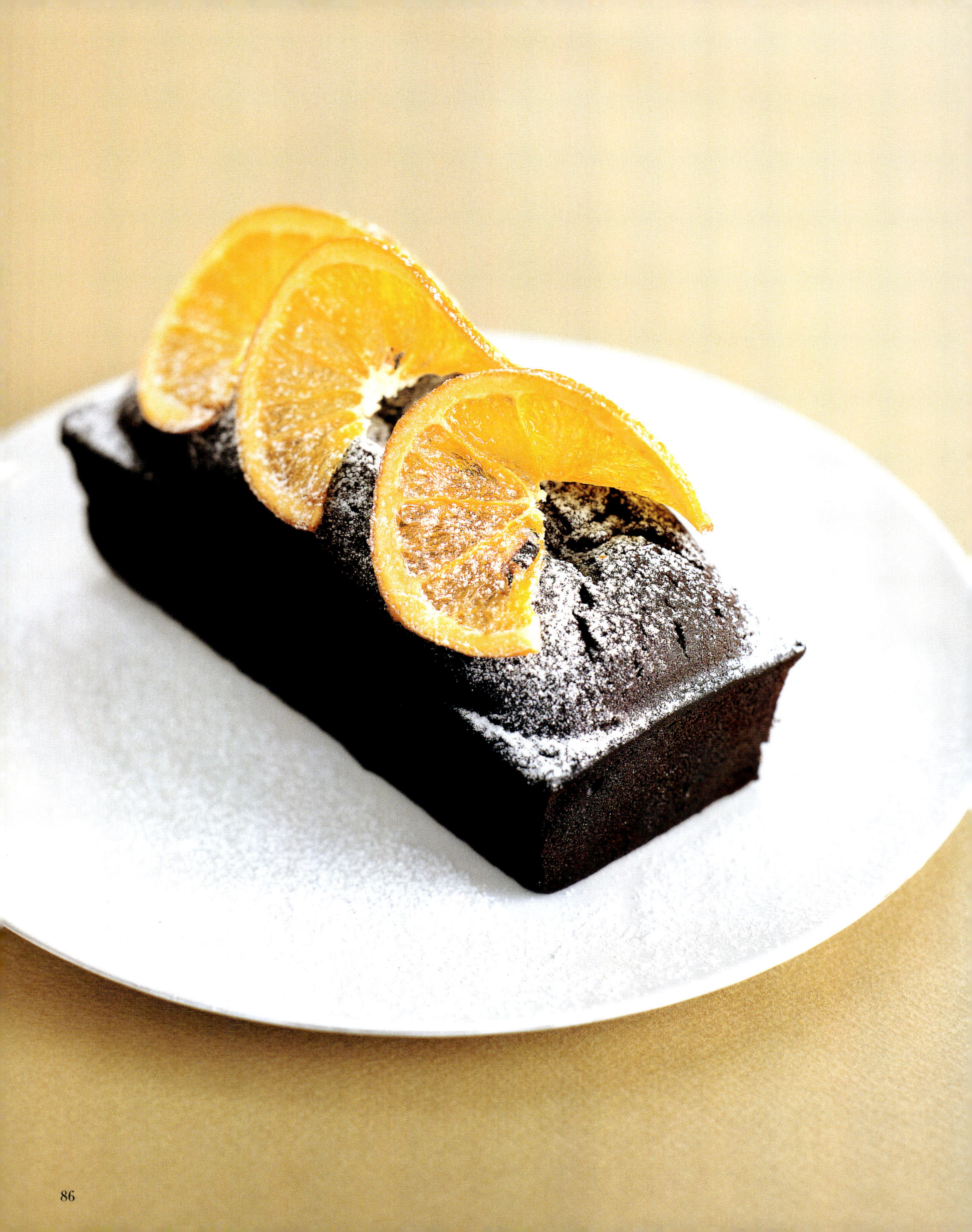

Cake chocolat à l'orange

ケーク・ショコラ・オランジュ

　このケーキはバターケーキの仲間で、バター、卵が多い生地。しっとりした口当たりとチョコレート、オレンジのリッチな風味で、だれからも好かれる味わいだ。

　つくり方は材料を順々に混ぜるだけで、いたってシンプル。トロトロとした柔らかさで、つやのある生地をつくるのが大事だ。それには、生地の温度を32～33℃に保つようにすること。冷たいものを加えるときは、ミキサーからボウルをはずして火に当てて温めるとよい。生地の温度が下がると、しまった焼き上がりになってしまうので。

　バターに対して卵の量が多く、分離しやすいので注意してほしい。卵は冷蔵庫から出して室温に戻しておくといい。少しずつ加え、手早く混ぜて分離させないことが大事。分離してしまってもチョコレートを混ぜると回復するので大丈夫だが、できるだけ分離させないほうがよい。

　焼き上がるとかなりふくれるので、型に流す生地は型の六～七分目まで。今回使用した型の大きさで、1台に流す生地の量は400gが目安になる。中途半端に生地が残ったときは、ココットなど耐熱性の器に流して焼くとよい。型をオーブンに入れたら高温で焼き、いったんオーブンの扉を開けて中の水分を逃がし、温度を下げて焼いて中まで火を通す。

　飾りはキャラメリゼしたオレンジ。薄く輪切りにしたオレンジに粉砂糖をまぶし、カリカリに焼いたもの。同様の方法で他にりんごやいちごなどでもつくれ、簡単でしゃれた仕上がりになる技だ。

Cake chocolat à l'orange
ケーク・ショコラ・オランジュ

生地に混ぜるオレンジピールはできるだけ良質のものを。
飾り用のオレンジはなしで、粉砂糖のみをふって仕上げてもよい。

材料（8cm×18cm、高さ6cmパウンド型3台分）
バター（食塩不使用）　150g
グラニュー糖　215g
はちみつ　33g
卵　310g
クーベルチュール　155g
　ノアール・カカオ分70％
生クリーム（乳脂肪分38％）　120g
┌ 薄力粉　65g
│ ココアパウダー（無糖）　120g
└ ベーキングパウダー　3.3g
オレンジピール（細切り）＊　120g
オレンジ（飾り用）　1〜2コ
粉砂糖　適宜
型にぬるバター（食塩不使用）　適宜

＊ 細切りのオレンジピールを使用（写真）。
大きいものなら粗みじん切りにする。

→手順←
1　飾り用オレンジを焼く
　↓
2　下準備
　↓
3　生地をつくる
　↓
4　焼く
　↓
5　仕上げる

残りの生地をココットで焼いたもの。

飾り用オレンジを焼く

1 オレンジはできるだけ薄い輪切りにする。スライサーを使ってもよい。

2 両面に粉砂糖を薄く、均一にふり、オーブン用の紙を敷いた天板に並べて180℃のオーブンで15分焼く。カリッとなったら冷ましておく。

下準備

3 バター、卵は冷蔵庫から出し、室温に戻す。粉類は合わせて2回ふるう。

4 オレンジピールは1cm長さに刻む。

5 型に溶かしたバターをはけでぬる。フッ素樹脂加工した型でもバターをぬったほうがきれいに仕上がる。

生地をつくる

6 クーベルチュールは粗く刻み、ボウルに入れて湯せんにかけて溶かす。

7 ミキサー用のボウルにバターを入れてミキサーにかける。

8 マヨネーズより柔らかい、トロトロの状態になるまで練り混ぜる。

9 グラニュー糖を加え、ミキサーでさらに混ぜる。いったん堅くなるが、さらに練り混ぜて白っぽく、トロトロになるまで混ぜる。

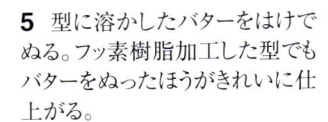

10 ミキサーからいったんはずしてボウルを火にかけて、生地が28℃になるまで温める。 →

89

Cake chocolat à l'orange
ケーク・ショコラ・オランジュ

11 はちみつを加えて、再びミキサーにかけて練り混ぜる。

12 卵を少しずつ加えて、中高速でしっかりと混ぜ込む。

13 卵をすべて加えたら、さらになめらかになるまで混ぜる。

14 6の溶かしたクーベルチュールを混ぜる。

15 電子レンジなどにかけて40℃くらいに温めた生クリームを混ぜる。

16 ほぼ混ざったらミキサーからはずし、ふるった粉類を一気に加える。

17 泡立て器で手早く混ぜる。

18 トロトロの状態で、つやがよくなるまで混ぜ合わせる。

19 刻んだオレンジピールを加えて、さっくりと混ぜる。

焼く

20 準備した型に400gずつ流して、ゴムべらで平らにならす。台に軽く打ちつけて、生地の中の空気を抜く。

21 190～200℃のオーブンに入れて25分焼く。オーブンの扉をいったん開けて空気を抜き、温度を170～180℃に下げて25～30分焼く。焼き上がったら型から出してケーキクーラーの上で冷ます。

22 生地が残った場合は、ココットなどに流し入れて190～200℃で25分ほど焼くとよい。

仕上げる

23 冷めたら粉砂糖をふる。

24 焼いたオレンジに切り込みを1本入れ、軽くねじってケーキの上に飾る。

---

column vol.3
さらにチョコレートを知る

チョコレートの歴史
古代メキシコから現代まで

古代メキシコでチョコレートは、とうがらしやスパイスを混ぜたドロドロの苦い飲み物で、神から与えられた贈り物として、また疲労回復の薬効があるとして珍重されていた。これは国王をはじめ、限られた階級の人間しか口にできない高貴なもの。14～16世紀にメキシコで栄えたアステカ王国では、カカオ豆は通貨としての価値もあり、カカオ豆100粒と引き換えに、奴隷1人が売買されたとも伝えられている。

大航海時代にカカオがスペインにもたらされ、スペインからイタリア、フランス、ヨーロッパ全土にと広まっていった。ヨーロッパに伝わってもしばらくはドロドロした苦い飲み物で、徐々に砂糖が加えられたり、ミルクや卵、ワインをなどを加えて風味もどんどん改善されてきたが、それでもまだ飲み物として。

1800年代になり、カカオマスに含まれるカカオバターを除く技術が生み出され、粉末のココアをつくることに成功。さらにイギリスでチョコレートを固める技術を開発し、現在最もポピュラーな板チョコの原型がつくられるようになる。これによって、食べるチョコレートの歴史がスタート。さらにコンデンスミルクを利用して、固形のミルクチョコレートが生まれ、1800年代末には「コンチング」と呼ばれる技術が確立し、なめらかで上質なチョコレートができるように。さらに、1900年代になって「ボンボン・オ・ショコラ」や「プラリネ」と呼ばれる一口大のチョコレートがつくられるようになり、今あるチョコレート形はほぼ完成された。

長い間、ドリンクとして食されていたカカオが、19世紀に食べるチョコレートになり、飛躍的に発展。現在ではよりおいしく、より香り高いチョコレートがつくられるようになった。

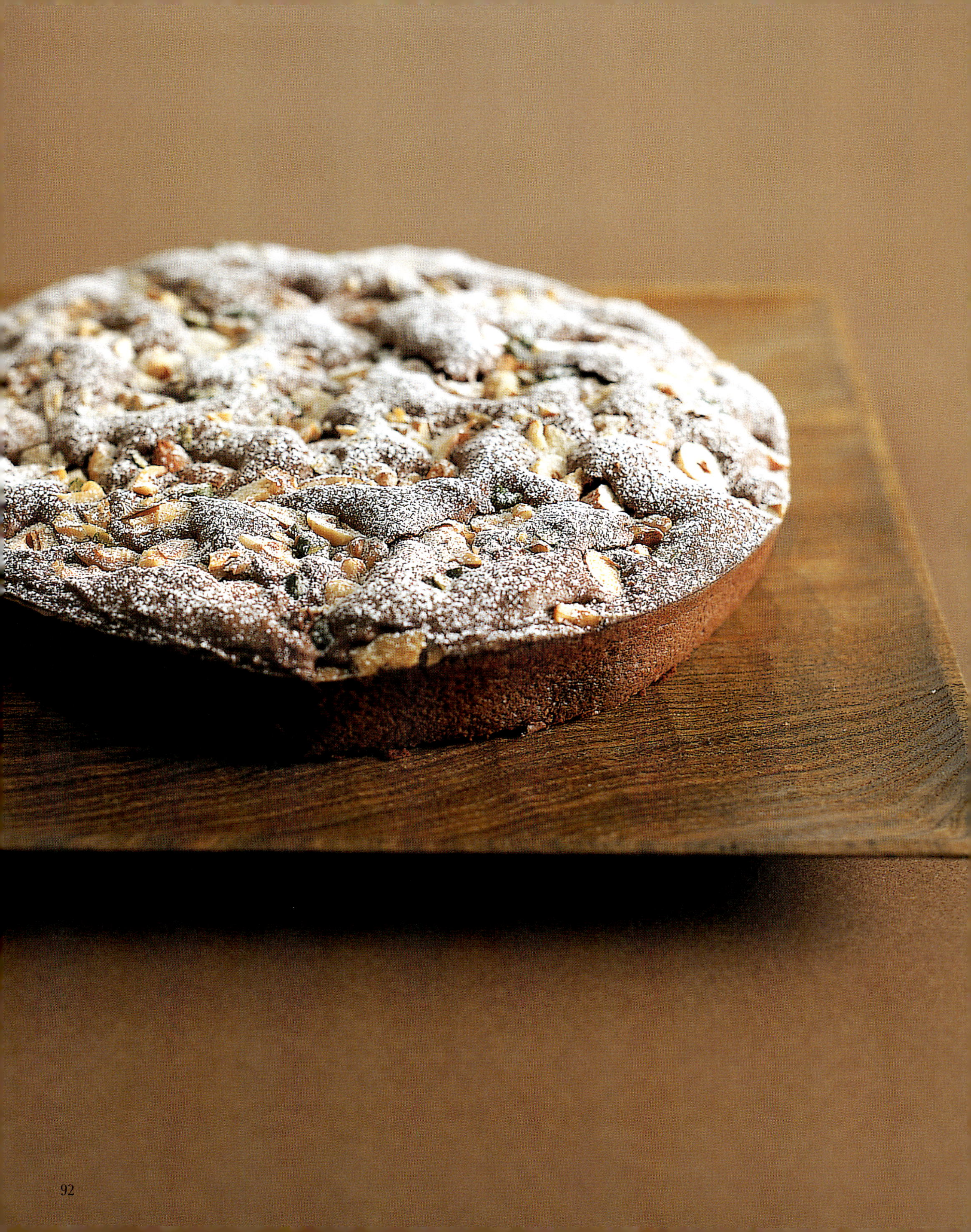

Gâteau chocolat aux marrons

ガトー・ショコラ

「ガトー・ショコラ」はチョコレートの焼き菓子の中でも基本中の基本。つくり方はベーシックなもので、ここではいちじくとマロンを入れて焼き上げた。

　しっかり泡立てた卵に、溶かしたチョコレートとバター、粉を混ぜ込んで焼く。チョコレートの焼き菓子の中では基本的なもので、家庭的なお菓子。チョコレートの風味が味わえるように、カカオ分が60〜70％のあまり甘くないチョコレートでつくるのがおすすめ。

　つくり方はベーシックでそれほど難しいものではないが、焼き加減がポイントになる。中までちゃんと火を通しながらも、しっとりと焼き上げる。元の1.5倍にふくらめば、大抵は焼き上がっている。この型なら大体20分から25分で、生地はふくらんでふくらみきると、今度は少し縮んできてシワが寄る。縮んできたなと思ったら、表面を触ってみる。軽く弾力があるくらいで焼き上がりで、焼きすぎると堅くしまってしまうので、見極めが大切。

　今回はチョコレートと相性のいい、いちじくとマロンを入れて焼いたが、何も入れずに焼き上げてもよい。この生地の分量で直径18cmの丸型3台分になり、焼き時間は170℃で60分ほど。シンプルにチョコレートを楽しむなら、こちらもおすすめ。

Gâteau chocolat aux marrons
ガトー・ショコラ

外はカリッとしていても、中はしっとり感が残るのがよい焼き上がり。
焼きすぎると堅くなるので、焼き上がりの見極めが大切。

材料（直径21.5cmタルト型3台分）
【生地】
クーベルチュール　188g
　ノアール・カカオ分62%
バター（食塩不使用）　150g
薄力粉　45g
ココアパウダー（無糖）　120g
┌ 卵黄　300g
└ グラニュー糖　150g
┌ 卵白　300g
└ グラニュー糖　150g
生クリーム（乳脂肪分38%）　120g
【フィリング】
干しいちじく（セミドライ）　12コ
マロンのシロップ煮　24コ
ヘーゼルナッツ・アーモンド　各30コ
くるみ　21コ
ピスタチオ　30コ
型にぬる溶かしバター（食塩不使用）・
強力粉　各適宜
仕上げ用粉砂糖・生クリーム　各適宜

干しいちじくは半生タイプを、
マロンのシロップ煮は代わりに
渋皮煮や甘露煮でも。

ナッツの組み合わせはお好みで。

➡手順⬅
1　下準備
　　↓
2　生地をつくる
　　↓
3　型に流す
　　↓
4　焼く

下準備

1 型に溶かしたバターをはけでぬる。

2 型に強力粉を入れてまんべんなくまぶす。

3 余分な粉を落とし、使うまで冷蔵庫で冷やしておく。

4 いちじくは斜めに半分に切る。

5 ナッツ類は粗く刻む。

6 薄力粉とココアパウダーは合わせて、2回ふるう。

生地をつくる

7 クーベルチュールは粗く刻み、バターとともにボウルに入れて湯せんにかける。

8 クーベルチュール、バターともにほぼ溶けたらゴムべらで混ぜて完全に溶かし、50℃になるまで温める。

9 別のボウルに卵黄とグラニュー糖を入れ、泡立て器またはハンドミキサーで白っぽく、もったりするまで泡立てる。

10 ミキサー用のボウルに卵白を入れて泡立てる。筋が出るようになったらグラニュー糖を4〜5回に分けて加えながら泡立て、しっかりしたメレンゲをつくる。

11 鍋に生クリームを入れて弱火にかけ、70℃くらいまで温める。

12 9の泡立てた卵黄に、8を一気に加える。

→

Gâteau chocolat aux marrons
ガトー・ショコラ

13 すぐに泡立て器で混ぜ合わせる。クーベルチュールの筋が見えるくらいに混ざればよい。

14 13に11の温めた生クリームを一気に加える。

15 泡立て器で生クリームの筋がなくなるまでなめらかに混ぜる。

16 生クリームまでなめらかに混ざったところ。

17 16に10のメレンゲの1/3量を加え、ゴムべらでしっかり混ぜて、きめを整える。

18 残りのメレンゲの半量を加える。

19 泡立て器でグルグルとしっかり混ぜて、メレンゲの白い筋がなくなるまで混ぜる。

20 ふるっておいた粉類を2回に分けて加える。

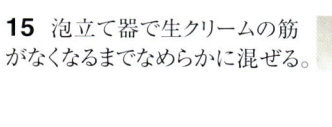

21 ゴムべらで練らないようにさっくりと混ぜる。

22 粉をすべて混ぜたところ。粉っぽさがなく、つやがよくなればOK。

23 残りのメレンゲを加え、ゴムべらで底のほうからすくうようにしてしっかり混ぜる。少し生地を殺しぎみに混ぜたほうが、目がつまっておいしくなる。

24 メレンゲの白い筋がなくなり、生地のつやがよくなればでき上がり。

型に流す
25 準備した型に、生地の約1/6量を流し入れる。

26 1台につき、いちじく4コ分とマロン8コを並べる。

27 さらに生地を型の八分目まで流し入れる。

28 型を軽く打ちつけて表面をならし、生地の中の空気を抜く。残りの2台も同様につくる。

29 刻んだナッツ類を等分に散らす。

焼く
30 170℃に温めたオーブンで40分焼く。30分ほど焼いたら、一度オーブンの扉を開けて庫内の湿けた空気を抜いて焼く。生地が元の1.5倍にふくらめば焼き上がり。型から出し、ケーキクーラーに移して冷まし、粉砂糖をふる。切り分けて器に盛り、とろりと泡立てた生クリームを添える。

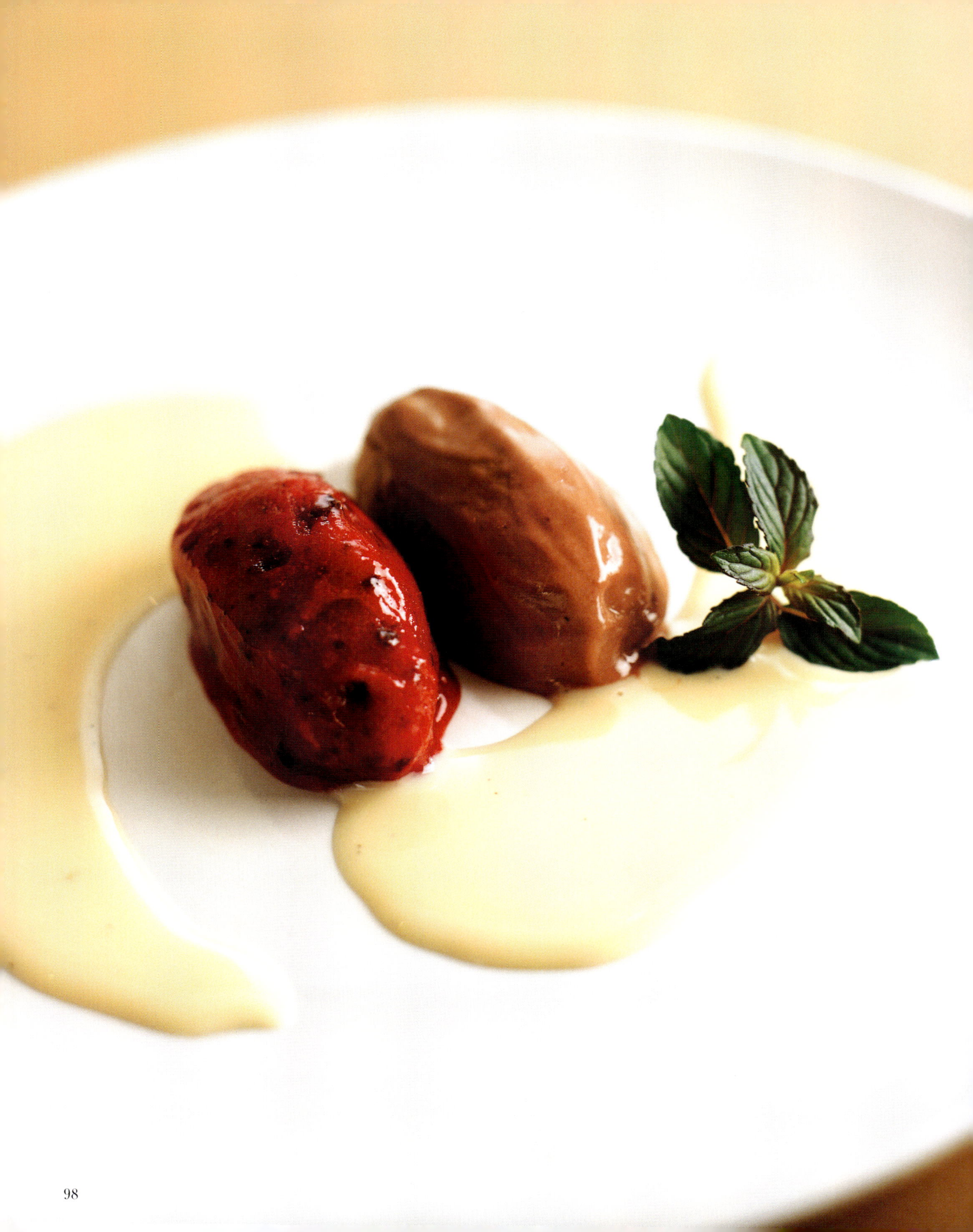

Glace et Sorbet

Glace au chocolat
Sorbet aux framboises

グラスとソルベ

グラス・ショコラ/ソルベ・フランボワーズ

　チョコレートたっぷりでつくる自家製アイスクリーム。ふんわり、なめらかな口溶けで、できたてはまた格別だ。

　できたてのアイスクリームは、雑味がなく、口溶けもふわっとなめらかで本当においしい。一つはチョコレートそのものを味わう『ショコラ』。これはアングレーズベースをつくり、チョコレートを混ぜたもので、チョコレートのほろ苦さ、濃厚な舌ざわりが楽しめる。もう一つは『フランボワーズ』。フランボワーズのシャーベットに、刻んだチョコレートをたっぷりと混ぜたもの。こちらはフランボワーズの酸味と粒状のチョコレートのハーモニーが魅力。チョコレートを溶かしてフランボワーズと混ぜてもいいのですが、あえてチョコレートの粒を残して『ショコラ』とは違う口溶けが楽しめる。今回はフランボワーズを使ったが、いちごやマンゴーなどのフルーツのピュレでも合うと思う。

　アイスクリームをつくるためには、アイスクリームメーカーを使用する。ここでは保冷ポットをあらかじめ冷凍しておき、生地を入れてかくはんしながら仕上げるタイプのものを使用した。機種によってつくり方は変わってくるので、手持ちの機種の仕様に従ってつくること。

　盛りつけのときに、あればアングレーズソースやミントなどを添えるとしゃれたデザートになる。できたてのアイスクリームで至福のひとときを。

Glace au chocolat
グラス・ショコラ

クーベルチュールはカカオ分が高いものを。
ビターチョコレートと呼ばれる
カカオマスも加えて苦みを強調。

材料（約500ml分）
牛乳　250g
グラニュー糖　27g
転化糖*1　27g
ペクタゲル*2　1g
卵黄　87.5g
クーベルチュール（ノアール・カカオ分70％）　50g
カカオマス*3　25g
仕上げ用生クリーム・牛乳　各50g

*1 ショ糖をブドウ糖と加糖に分解したもので、濃厚な甘みがある。
*2 安定剤。なければ入れなくてよい。
*3 カカオニブをすりつぶしたもの。ビターチョコレートとも呼ばれる。（18ページ参照）

下準備
アイスクリームメーカーの保冷ポットを一晩冷凍庫に入れておく。（アイスクリームメーカーによって扱いが違うので、機種に合わせた準備をする）

➡手順⬅
1　下準備
　　↓
2　生地をつくる
　　↓
3　仕上げる
　（アイスクリームメーカーにかける）

生地をつくる

1　鍋に牛乳を入れ、転化糖を加えて火にかける。

2　グラニュー糖とペクタゲルを混ぜて卵黄に加え、泡立て器でなめらかになるまですり混ぜる。

3　沸騰した1の牛乳を卵黄のボウルに少しずつ加え、泡立て器で混ぜ合わせる。

4　鍋に戻し入れ、火にかける。焦げないように、ゴムべらで底から混ぜながらとろみをつける。トロトロになったら火から下ろす。

5　刻んだクーベルチュールとカカオマスを加え、混ぜながら余熱でなめらかに溶かす。

6　完全に溶けたら、こしてボウルに移す。

仕上げる

7　ボウルの底に氷を当て、混ぜながら冷やす。5℃くらいまで冷えたら、仕上げ用の生クリームと牛乳を加えて混ぜる。

8　保冷ポットに生地を移し、アイスクリームメーカーにかけて仕上げる。時間などは機種の仕様に従うこと。

9　でき上がったら器に盛り、あればアングレーズソースなどを添える。すぐに食べないときは保存容器に移し、冷凍庫で保存する。

Sorbet aux framboises
ソルベ・フランボワーズ

ピュレのフランボワーズを使用。
口に残らないようにクーベルチュールは
できるだけ細かく刻み、仕上がる直前に加える。

材料（約500ml分）
シロップ
- グラニュー糖　12.5g
- ペクタゲル　0.6g
- 転化糖　87.5g
- 水　100ml

フランボワーズ*（ピュレ。冷凍）　250g
フランボワーズリキュール　10g
クーベルチュール（ノアール・カカオ分70%）　40g

＊生のフランボワーズをつぶし、こして種を
除いたものでもよい。正味250gを準備する。

下準備
アイスクリームメーカーの保冷ポットを一晩冷凍庫に入れておく。（アイスクリームメーカーによって扱いが違うので、機種に合わせた準備をする）

生地をつくる
1　シロップをつくる。グラニュー糖とペクタゲルを混ぜる。

2　鍋に分量の水を入れ、**1**、転化糖を加えて火にかける。

3　混ぜながら火を通し、沸騰させて砂糖を溶かす。完全に溶けたら鍋の底に氷を当てて、時々混ぜながら5℃くらいまで冷やす。

4　解凍したフランボワーズに**3**のシロップを混ぜる。

5　続けてフランボワーズリキュールを加えて混ぜる。

仕上げる
6　保冷ポットに生地を移し、アイスクリームメーカーにかけて仕上げる。時間などは機種の仕様に従うこと。

7　クーベルチュールを細かく刻む。

8　アイスクリームが仕上がる直前に、**7**のクーベルチュールを**6**に一気に加える。

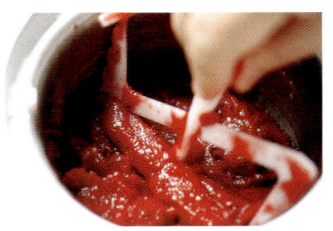

9　再びアイスクリームメーカーにかけてサッと混ぜる。器に盛り、あればアングレーズソースなどを添える。すぐに食べないときは保存容器に移し、冷凍庫で保存する。

Boissons chocolats
au lait/Amer/Épice

ボワソン・ショコラ
オーレ／アメール／エピス

　カカオ豆を今のようなチョコレートとして食べるようになったのは200年ほど前のこと。

　最初はカカオ豆をつぶして、ドリンクとして飲むことから始まった。

　カカオ豆は紀元前2000年ごろの古代メキシコ時代から存在していたといわれていて、その歴史は4000年にもなる。ただ、今のような甘くて固まったチョコレートを食べるようになったのは19世紀の中ごろのこと。古代メキシコでは、カカオ豆をすりつぶし、スパイスなどを混ぜたドロドロの苦いドリンクとして食していた。これはショコラトルと呼ばれ、ショコラショー（温かいチョコレートドリンク）の原形。当時はカカオ豆をなめらかにつぶす技術もなく、カカオ豆の油脂分が多いために湯と固形物が分離して沈殿するなど、ザラザラとして口当たりが悪く、決しておいしいとはいえないドリンクだったと思う。今はカカオ豆をおいしく加工したクーベルチュールを溶かしてつくるわけだから、当時と比べると極上のおいしさが味わえる。

　チョコレートドリンクのつくり方はいたって簡単で、基本は温めた牛乳にクーベルチュールを加えてなめらかに溶かすだけ。クーベルチュールの種類を変えたりスパイスを加えて、ひと味違うショコラティエ（チョコレート職人）ならではのドリンクに仕上げる。

　クーベルチュールは25℃を超えると溶けて変質してくる。お菓子づくりで使い残したものは、夏の間にドリンクにして使いきってしまうことをおすすめしたい。よく冷ましてから氷を加えて、キンキンに冷やしてどうぞ。ココアドリンクよりビターで、夏でも飲みやすい。

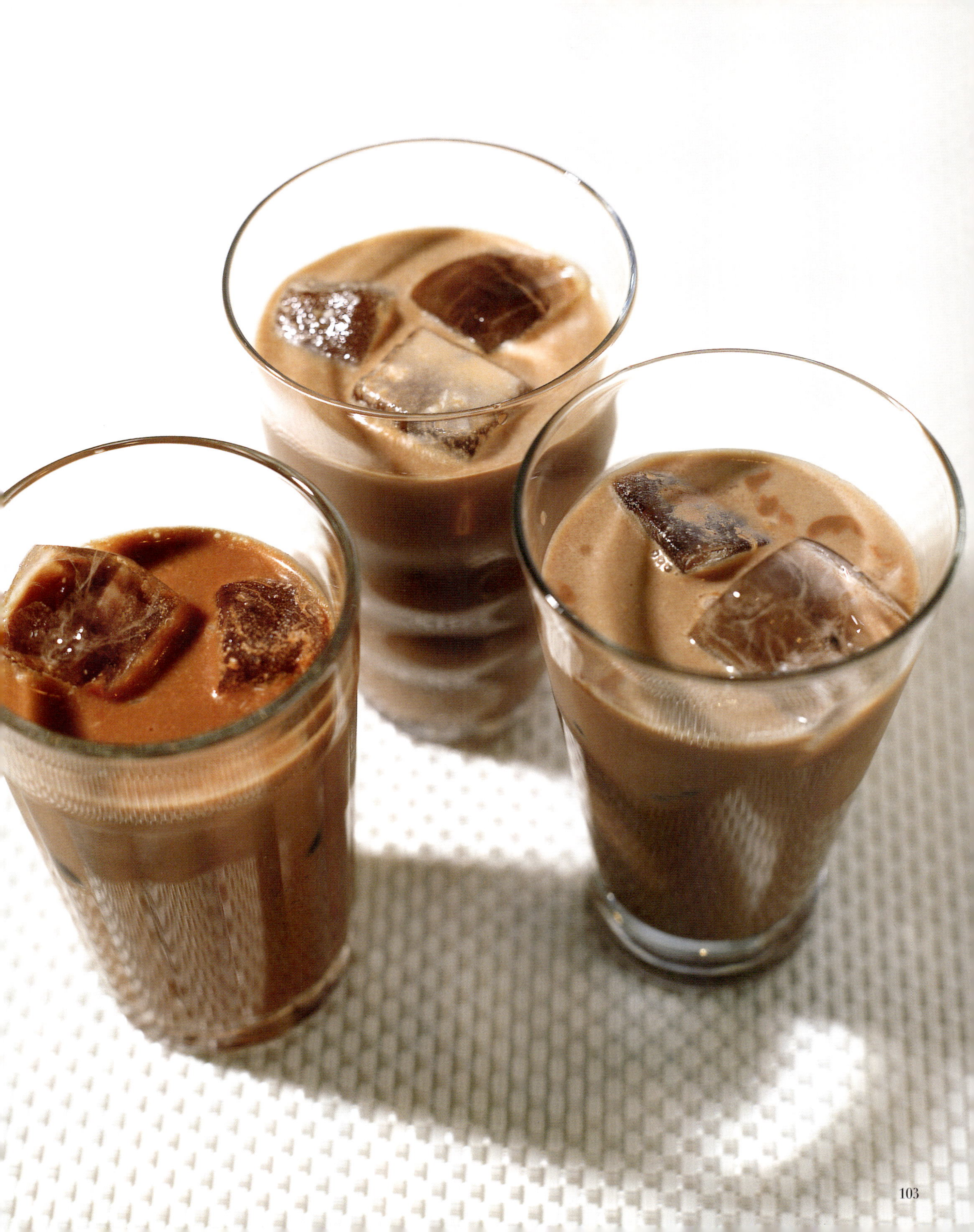

Boissons chocolats au lait

オーレ

ミルクタイプをたっぷり使い、コクがあってマイルドな口当たり。生クリームはコクを出すために加えているので水分はすべて牛乳にしてもよい。

材料（2〜3杯分）
- クーベルチュール　60g
  オ・レ・カカオ分41%
- クーベルチュール　60g
  ノアール・カカオ分70%
- 牛乳　400g
- 生クリーム　40g

→手順←
1　溶かす
　↓
2　冷ます

溶かす

1　2種のクーベルチュールを粗く刻んで、合わせておく。

2　鍋に牛乳と生クリームを合わせて、中火にかける。

3　ふわっと沸騰してきたら火を止めて、泡立て器で手早く混ぜる。

4　すぐにクーベルチュールを加える。

5　再び中火にかけ、泡立て器で混ぜながらクーベルチュールを溶かす。クーベルチュールが完全に溶けて、とろみがついたら混ぜるのをやめ、沸騰直前で火を止める。

冷ます

6　ザラつきをなくすためにこし器を通してこし、ボウルに移す。

7　ボウルの底に氷水を当てる。

8　混ぜながら冷まし、冷めたら氷を入れたグラスに注ぐ。

Boissons chocolats
Amer
アメール

アメールはフランス語で苦みのこと。
その名のとおり、ほろ苦みが味わえる。
バニラの香りをきかせてチョコレートの香りを
よりいっそう華やかに。

材料(2〜3杯分)
クーベルチュール　85g
　　ノアール・カカオ分70％
カカオマス*　15g
牛乳　400g
水　40g
バニラビーンズ　1本

＊ カカオニブをすりつぶしたもの。
ビターチョコレートとも呼ばれる。
（18ページ参照）

溶かす

1　クーベルチュールとカカオマスを粗く刻んで、合わせておく。

2　鍋に牛乳と水を合わせて、中火にかける。

3　バニラビーンズに切り込みを入れ、手で開く。

4　バニラビーンズの中の黒い粒を、包丁の背でこそげ取って**2**の鍋に加える。バニラのさやも加え、中火にかける。

5　ふわっと沸騰してきたら火を止めて、泡立て器で手早く混ぜる。

6　すぐにクーベルチュールとカカオマスを加える。

7　再び中火にかけ、泡立て器で混ぜながらクーベルチュールを溶かす。クーベルチュールが完全に溶けて、とろみがついたら混ぜるのをやめ、沸騰直前で火を止める。

冷ます

8　ザラつきをなくすためにこして、ボウルに移し、ボウルの底に氷水を当て、混ぜながら冷ます。冷めたら氷を入れたグラスに注ぐ。

Boissons chocolats
Épice
エピス

かんきつ類の皮と果汁、それにスパイスも混ぜ、
甘みの中に酸味と辛みもミックスした大人のドリンク。
スパイスは好みのものでよく、
どれもごく少量ずつ加える。

材料（2〜3杯分）
クーベルチュール　100g
　　ノアール・カカオ分70％
牛乳　310g、生クリーム　40g
バニラビーンズ　1本
オレンジ*1　1コ
レモン*1　1/2〜1コ
スパイス*2
　シナモンパウダー　0.5g
　ナツメグパウダー　0.4g
　こしょう　0.2g
　チリペッパー（または一味とうがらし）　0.1g

*1　ともにできればノーワックスのもので。
*2　スパイスの分量は下の写真を参照。
（写真左からナツメグパウダー、
シナモンパウダー、こしょう、チリペッパー）

→手順←
1　香りを煮出す
　↓
2　溶かす／冷ます
　↓
3　こす

香りを煮出す

1　オレンジ、レモンはたわしなどを使って、湯の中でこすり洗いし、水けをふく。ともに皮の白い部分は入れないように、色の濃い部分を切り取って細かく刻む。

2　果肉は汁を絞り、オレンジを約50g、レモンを20〜40g準備。酸味が苦手ならレモン汁を減らす。レモン汁が多いほど分離しやすくなるので注意を。

3　ステンレス製かホウロウ製の鍋に絞り汁を入れる。

4　3に水20g、オレンジ、レモンの皮、スパイスを加える。

5　鍋を中火にかけ、沸騰したら2〜3分煮て火を止める。

溶かす／冷ます

6　クーベルチュールは粗く刻み、鍋に牛乳、生クリームを入れる。バニラビーンズは切り込みを入れて開き、中の粒を包丁の背でこそげ取って、さやとともに鍋に加え、中火にかける。

Boissons chocolats
ボワソン・ショコラ

7 ふわっと沸騰してきたら火を止めて、泡立て器で手早く混ぜる。すぐに鍋で煮たかんきつ類の皮と汁を加える。

8 続けてクーベルチュールを加える。

9 再び中火にかけ、泡立て器で混ぜながらクーベルチュールを溶かす。クーベルチュールが完全に溶けて、とろみがついたら混ぜるのをやめ、沸騰直前で火を止める。

10 そのまま3時間ほどおいて冷まし、香りを移す。

こす

11 完全に冷めたら、こしながらボウルに移す。

12 最後はストレーナーの中の皮を軽く押して、チョコレート液をしっかりこす。氷を入れたグラスに注ぐ。

---

column vol.4
さらにチョコレートを知る

チョコレートの歴史
日本編

　日本で最初にチョコレートを味わったのは、江戸時代初期に、仙台藩主・伊達政宗の家臣でスペイン領メキシコからスペイン、ローマに派遣された支倉常長とされている。

　日本国内でチョコレートが登場したのはもう少し遅く、江戸時代、寛政年間になって。その当時、外国に門戸を開いていた長崎に、「しょくらあと」や「しょくらとを」などの記録が残っている。明治初期には、ヨーロッパに派遣された岩倉具視らの一行が、フランスでチョコレート工場を見学したことが報告されている。このころになると、欧米からチョコレートを輸入するようになったが、非常に高価で、一般庶民には無縁の食べ物。

　明治11年に、東京、両国にあった「米津風月堂」が国内では初めてチョコレートの製造、販売。チョコレートが一般の人々の口に合わず、あまり受け入れられなかったようだ。さらに、大正7年に、森永太一郎が創設した菓子製造所で、日本初のチョコレート一貫製造、販売が開始されて、少しずつチョコレートは知られるようになる。昭和初期にはますますチョコレートが注目されたが、戦争が始まり、カカオ豆が統制を受けると「チョコレートもどき」が出回り、チョコレートはまた庶民と無縁の食べ物に。

　日本で再び本格的なチョコレートがつくられるようになるのは、カカオ豆の輸入が自由化された昭和35年以降のこと。つくり手の技術も発達し、食べ手も食生活の欧米化などで、質の高いチョコレートがつくられるようになる。

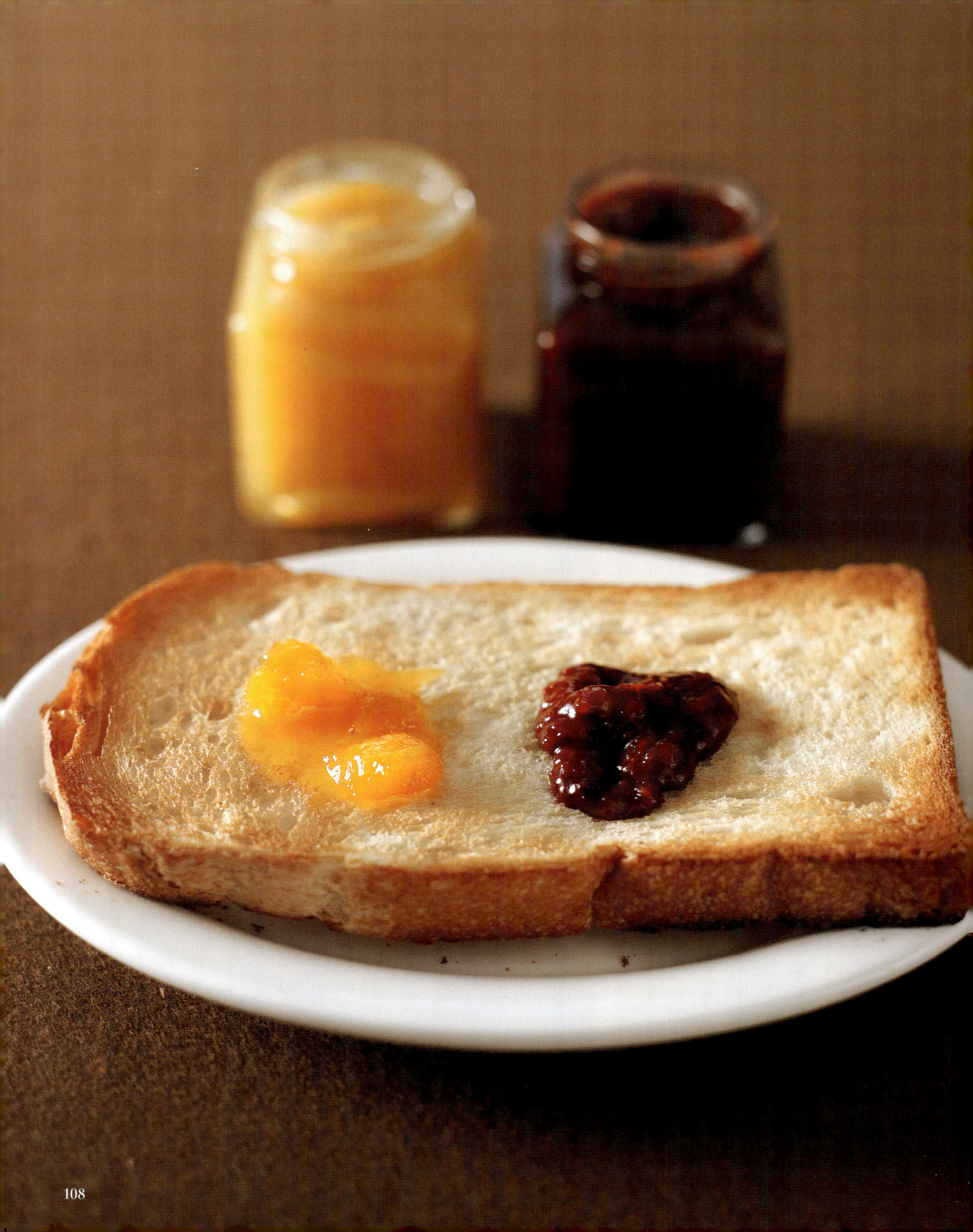

Confitures
Banane orange et chocolat
Fruit des tropiques et chocolat blanc

Diversités au Chocolat

コンフィチュール
バナナ、オレンジとショコラ／
フリュイ トロピックとショコラブラン

　コンフィチュール（ジャム）は、フルーツに砂糖を加えて煮詰めたものだ。フルーツは単独だったり、何種類かを組み合わせて使ったりするし、甘みもグラニュー糖はもちろん、ブラウンシュガー、はちみつなどを合わせることも。状態もトロトロのもの、サラサラのもの、フルーツの粒が残ったものと、コンフィチュールは幅が広い。

　店にはチョコレート専門店ならではのチョコレートを使ったコンフィチュールが並ぶ。チョコレートを混ぜるといっても香りはあまり残らない。でもフルーツの酸味がマイルドになり、深いコクが生まれる。精製されたペクチン（元は果実に含まれ、ゼリー状に固める力がある）を加えるつくり方もあるが、私は極力使わない。使わないほうが色鮮やかになり、味もおいしく仕上がるので。その代わりにレモンの汁や皮を加え、フルーツの中のペクチンを引き出しやすくしている。

　おいしくつくるためには、フルーツは完熟のものを準備すること。フルーツの糖度によって、仕上がりの状態が変わってしまうので私たちプロは、常に同じ状態に仕上げるために温度計（200℃まで測定可能なもの）と糖度計を使って、温度と糖度を計りながら煮詰める。できれば両方あるとよい。

　煮上がったらきちんと消毒した瓶に詰め、おいしく食べるためには３か月ほどが保存の目安。ふたを開けたら冷蔵庫で保存し、できるだけ早めに食べきること。すべてを瓶に詰めずに少し残して、できたての温かいものをいただくのもぜいたくのひとつ。

Confitures
Banane orange et chocolat
バナナ、オレンジとショコラ

比較的チョコの香りが残り、
バナナとチョコの濃厚な味わいに
オレンジのほどよい酸味がきいている。
こっくりとしたタイプ。

→ 手順 ←
1 フルーツの準備
 ↓
2 煮る
 ↓
3 詰める

材料（180mlの保存瓶約6本分）
バナナ　　（正味）500g
オレンジ　（正味）500g
レモン[*1]　　1/2コ
グラニュー糖　600g
カカオマス[*2]　100g

*1 レモンはできればノーワックスのもので。
湯の中でたわしなどでこすり洗いし、表面の水けをふく。
*2 カカオニブをすりつぶしたもの。
ビターチョコレートとも呼ばれる（18ページ参照）。

保存瓶の準備
1 コンフィチュールが煮上がるタイミングに合わせて、保存瓶を消毒する。保存瓶はふたとともにきれいに洗い、熱湯ですすぐ。逆さまにして網に並べ、湯をきる。
2 瓶が乾いたら瓶、ふたを上にして天板に並べ、180℃のオーブンで2〜3分加熱して水分をとばし、殺菌をする。

糖度計の使い方
煮上がりに近くなると煮汁は100℃を超えているので、少量の煮汁をバットやスケッパーの上に取り出し、触れる程度まで冷ましてから糖度計にのせて計る。

フルーツの準備
1 オレンジは上下を切り落とし、皮を厚めにむく。オレンジの1房ずつにナイフをV字に入れて、ステンレスのボウルに果肉を取り出す。種は除き、果肉をすべて取り出したら最後は汁を絞る。

2 レモンの皮をできるだけ薄く、黄色い部分のみをすりおろして、オレンジに加える。レモンの汁を絞って、オレンジに加える。

3 グラニュー糖を加えて、ゴムべらで混ぜてなじませる。

4 20℃くらいの室温におき、途中で1～2回混ぜながら一晩（約12時間）おく。

5 一晩おくと果肉から果汁が出てくる。この果汁を煮詰めると、おいしいジャムになる。

煮る
6 カカオマスは粗く刻む。

7 バナナは色が変わるので、煮る直前に混ぜる。皮をむき、筋も除いて7～8mm厚さの輪切りにする。

8 一晩おいたオレンジにバナナを加えて混ぜ合わせる。

9 銅のボウルまたは鍋に**8**を移し、強火にかけて時々木べらで静かに混ぜながら煮る。

10 煮立ってきたら、アク（泡）をていねいにすくい、時々混ぜながら煮る。周囲についた煮汁は、ぬらしたはけで落とすとよい。

11 アクがおさまってきたら温度計を入れて、温度をチェックしながら煮る。糖度を糖度計で計り（左ページ参照）、温度104℃、糖度59度になれば煮上がり。

12 いったん火を止め、カカオマスを加えて木べらで混ぜる。

13 再び弱火にかけ、混ぜながら2～3分煮てカカオマスを溶かす。

詰める
14 煮上がったらすぐに、準備した瓶に詰める。レードルですくい、瓶の口いっぱいまで入れる。

15 瓶を軽く持ち上げて台に打ちつけ、中の空気を抜いてふたを閉める。

16 ふたを閉めたら、瓶を逆さまにする。こうすると瓶の中の空気も温まり、殺菌される。また、160℃のオーブンに5分ほど入れるとさらに殺菌効果が高くなる。あとは常温で冷ます。

Confitures
Fruit des tropiques et chocolat blanc
フリュイトロピックと
ショコラブラン

南国のフルーツの華やかな香りが広がり、
サラリとしたタイプ。
パイナップルの果肉が残り、
その食感も楽しい。

材料（180mlの保存瓶約6本分）

パイナップル　400g（正味）
マンゴー（メキシコ産）　400g（正味）
パッションフルーツ（ピュレ）＊　200g
レモン　1/2コ
グラニュー糖　600g
クーベルチュール（ブランシュ）　120g

＊中身をかき出して種を除いたものが
冷凍で市販させている。

→手順←
1　フルーツの準備
　　↓
2　煮る
　　↓
3　詰める

フルーツの準備

1　パイナップルは茎を切り落とし、上下を切って皮をむく。

2　ポツポツと並ぶ穴の両側からV字に切り込みを入れて、穴の部分を除く。

3　堅い芯の部分を切り取り、2cm角に切る。

4　マンゴーの皮をむく。種の部分を避けて、果肉を三枚におろすように切る。

5　種の周囲の果肉も切り取る。マンゴーの果肉もすべて2cm角に切る。

6 ステンレスのボウルにパイナップルを少し入れ、グラニュー糖も少し加える。次にマンゴーを少し入れ、グラニュー糖を少し加える。以下も同じようにパイナップル→グラニュー糖→マンゴー→グラニュー糖と段々に重ねる。こうして、フルーツ一切れ一切れにグラニュー糖をまぶすようにする。

7 レモンの皮をできるだけ薄く、黄色い部分のみをすりおろし、レモンの汁も絞って、フルーツに加える。

8 解凍したパッションフルーツを加える。

9 そのまま20℃くらいの室温におき、途中で1～2回混ぜながら一晩（12時間ほど）おく。

10 一晩おいたものは、果肉から果汁が出て汁が透明になる。

煮る

11 クーベルチュールは粗く刻む。

12 銅のボウルまたは鍋にフルーツを移し、強火にかけて時々木べらで混ぜながら煮る。煮立ってきたら、アク（泡）をていねいにすくい、時々混ぜながら煮る。周囲についた煮汁は、ぬらしたはけで落とすとよい。

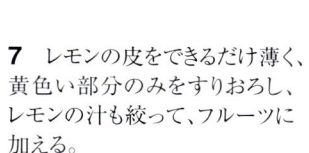

13 アクがおさまってきたら温度計を入れて、温度をチェックしながら煮る。糖度を糖度計で計り（110ページ参照）、温度104℃、糖度60度になれば煮上がり。

14 いったん火を止め、クーベルチュールを加えて木べらで混ぜる。

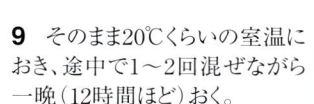

15 再び弱火にかけ、混ぜながら2～3分煮てクーベルチュールを溶かす。

詰める

16 煮上がったらすぐに、準備した瓶（110ページ参照）に詰める。レードルですくい、瓶の口いっぱいまで入れる。

17 瓶を軽く持ち上げて台に打ちつけ、中の空気を抜いてふたを閉め、逆さまにする。また、160℃のオーブンに5分ほど入れるとさらに殺菌効果が高くなる。あとは常温で冷ます。

Gâteaux Frais du Chocolat

チョコレートをケーキに

115

Pudding au chocolat

Gâteaux Frais du Chocolat

プディング・ショコラ

　プディングはプリンのこと。卵生地にチョコレートをたっぷり加えて蒸し焼きにする。上にふんわり泡立てたクリームを絞り、削りチョコレート（コポーという）を散らした3層からできている。さらに食べるときにほろ苦いキャラメルソースをかける。

　このプディングは皆さんが想像する、プリンのようなプルルンとした堅さはない。ようやく固まったギリギリの状態で、スプーンですくうとトロリとしている。これは卵の生地に、油分を含んだチョコレートを混ぜるため。チョコレートの量や生地の温度によっては固まらないこともある。

　プディング生地づくりは温度に注意してほしい。プディング生地をオーブンに入れるとき、冷めていても40℃、できれば45℃前後までが理想。生地の温度が下がりすぎないほうが、オーブンに入れたときに卵が固まる温度に早く達するので、すが立ちにくくなるから。湯を張ったバットの中で湯せんしたまま焼くが、オーブンの温度が下がらないように注ぐ湯は沸騰したものを。バットに注ぐ湯の量は、ココットの中の生地の高さと同じになるようにする。お風呂の湯は多いほうが、体が早く温まる。それと同じ。生地が冷めないようにするために大事なこと。

　焼きたてのプディングは、完全には固まっていないので一晩から一日冷蔵庫で冷やすこと。これで、ようやくプディングと呼べる状態に固まるので、クリームを絞って仕上げる。プディングのような焼き菓子でもチョコレート菓子はどれも焦らず、ゆっくりつくることが大事だ。

117

Pudding au chocolat
プディング・ショコラ

プディング生地は濃厚に仕上げるために卵黄のみを使用。
型から出すことはできないのでココット型に流し入れて焼き、クリームなどを流して仕上げる。

材料（直径7cmのココット型9コ分）

プディング生地
- 牛乳　190g
- 生クリーム　510g
- 卵黄　90g（約4コ分）
- グラニュー糖　88g
- クーベルチュール　30g
    - ノアール・カカオ分70%
- ココアパウダー（無糖）　8g
- オレンジリキュール*1　8g

キャラメルソース用グラニュー糖　100g
飾り用クーベルチュール*2　適宜
    ノアール・カカオ分61%

クリーム
- 生クリーム　200g
- グラニュー糖　14g
- オレンジリキュール　約大さじ1

粉砂糖（溶けないタイプ）　適宜

*1 ホワイトキュラソーと呼ばれる無色透明のもの。
*2 カカオ分の多い板チョコレートでもよい。

→手順←
1. 生地をつくり、焼く（冷やす）
2. キャラメルソースをつくる
3. コポーをつくる
4. クリームをつくる
5. 仕上げる

生地をつくり、焼く（冷やす）

1 クーベルチュールは細かく刻む。ボウルに卵黄を入れて泡立て器でほぐし、グラニュー糖を加えて混ぜる。まんべんなく混ざればOK。

2 鍋に牛乳と生クリームを入れて中火にかける。沸騰してふわっとしてきたら弱火にし、クーベルチュールとココアを加える。

3 泡立て器で混ぜてクーベルチュールを完全に溶かす。

4 再び沸騰してふわっとしてきたら火から下ろし、1の卵黄に少しずつ加えてなめらかになるまで混ぜる。

5 茶こしなどに通してこしながらボウルに移す。

6 ボウルに残った生地はゴムべらでこそげ取って、生地のすべてを移すこと。オレンジリキュールを加えてなめらかに混ぜる。

7 生地の上に紙タオルをかぶせ、静かにはずして泡を除く。

8 生地をココットの六〜七分目まで流し入れる。

9 流し入れたときの生地の温度が40〜50℃になるのが理想的。

10 深めのバットにココットを並べ、沸騰した湯を生地の高さと同じになるまで注ぐ。

11 130℃のオーブンに入れて45分ほど焼く。表面が少し盛り上がり、ココットを揺らすと全体に揺れるようになれば焼き上がり。オーブンから出して粗熱を取って冷蔵庫で冷やす。

キャラメルソースをつくる

12 鍋にグラニュー糖と水30mlを入れて中火にかけ、そのまま加熱する。

13 砂糖が溶けて濃いキャラメル色になり、泡が大きくなってきたら火を止める。

14 湯60mlを加えて溶きのばす。

15 できたキャラメルソースは白い器に1滴たらして、色の具合、濃度をチェックする。ソースの場合、タラタラと流れ落ちるくらいの濃度がよい。

コポーをつくる

16 パレットナイフを両手で持ち、クーベルチュールを薄く削り取る。

17 なるべく長めに、薄く削るとよい。

クリームをつくる

18 ボウルに生クリームを入れてグラニュー糖を加え、ボウルの底に氷水を当てながら泡立てる。

19 トロッとしてきたらオレンジリキュールを加えて、さらに泡立てる。泡立て器の線が残るようになり、小さな角ができるようになったら泡立て終了。

仕上げる

20 口径7mmの口金をつけた絞り袋にクリームを詰め、冷めたプディングの上に中心から渦巻き状に絞り出す。

21 コポーにしたクーベルチュールをたっぷりと散らす。粉砂糖を茶こしに入れてふるう。冷蔵庫で冷やしてから、キャラメルソースをかけて食べる。

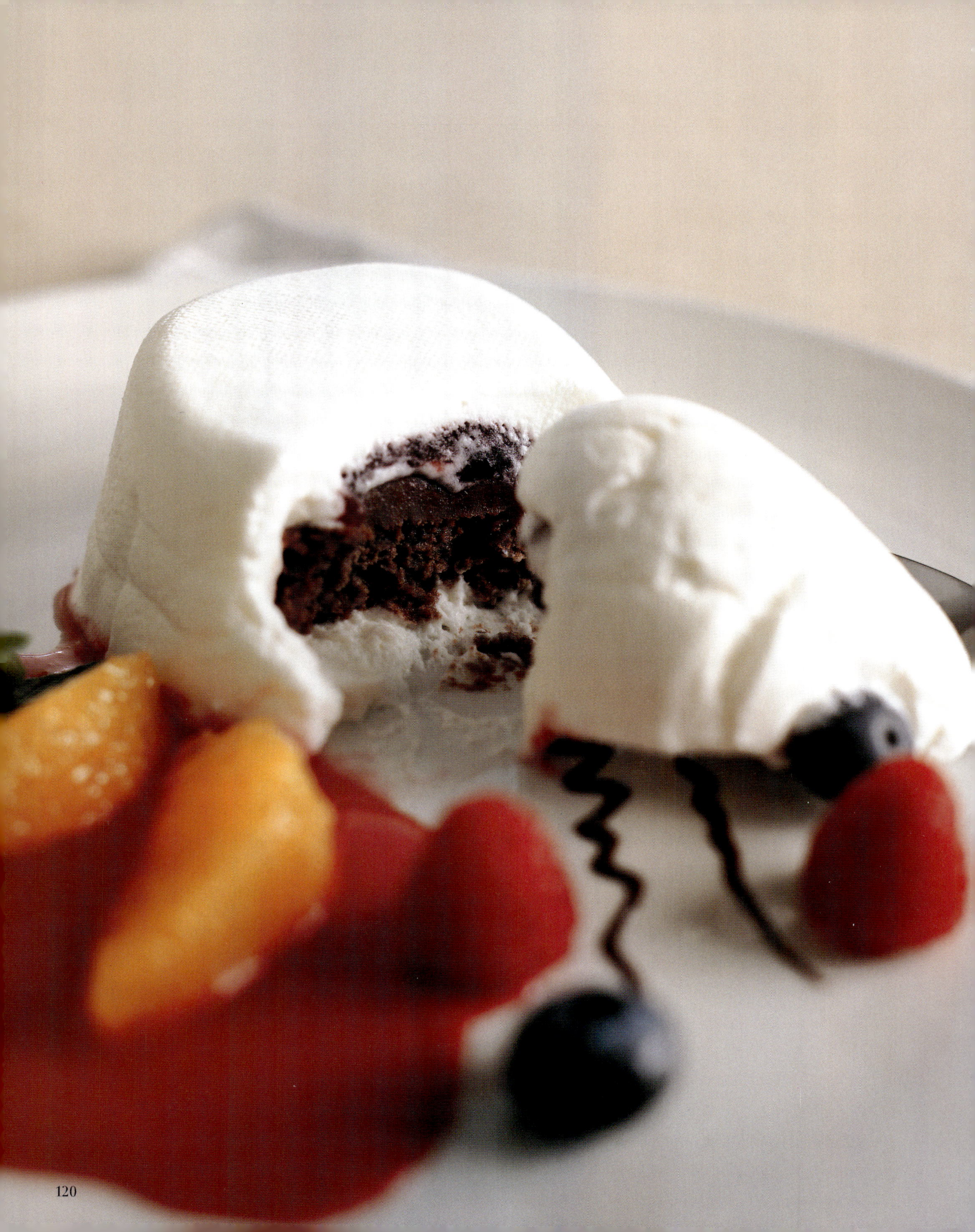

Crémét d'Anjou

クレメ・ダンジュ

　これはフランス北西部のアンジュ地方のデザートだ。本来は牛乳からつくるフレッシュチーズ、フロマージュ・ブランにメレンゲや、生クリームを混ぜて水分をきっただけのシンプルなもの。固めるものを何も混ぜないので、乳製品から水分がにじみ出てくる。余分な水分を吸わせるために、ガーゼに包んで仕上げるのが特徴になっている。

　これにチョコレートも合うだろうなと思って、このレシピを考えた。乳製品たっぷりで濃厚なので、フランボワーズ（ラズベリー）の酸味と香りをきかせて、味に深みを持たせ、フランボワーズのピュレのほかに、フランボワーズからつくる蒸留酒（オー・ド・ヴィー・ド・フランボワーズ）もたっぷりと使って味を引きしめている。

　いくつかのパートをつくって型の中で組み立てるが、白いフレッシュチーズでチョコレートとフランボワーズを包み込むように仕上げる。見た目は真っ白く飾りけがないので、プレートに盛り、フランボワーズソースやフルーツで華やかに飾るとよい。

Crémet d'Anjou
クレメ・ダンジュ

フランボワーズのピュレは、市販の冷凍のものが便利。
または生のフランボワーズをピュレにし、こして種を除いたものでもよい。
型に敷くガーゼは清潔な、新しいもの使うこと。

材料（直径9cmのココット型8コ分）

【ビスキュイ生地】（13〜14コ分）
- 卵黄　1コ分
- グラニュー糖　7g
- 卵白　1コ分
- グラニュー糖　15g

薄力粉　20g
ココアパウダー（無糖）　5g

【シロップ】
フランボワーズのピュレ　50g
グラニュー糖　38g、水　50mℓ
オー・ド・ヴィー・ド・フランボワーズ[*1]　20mℓ

【コンフィチュール】
フランボワーズのピュレ　100g
グラニュー糖　80g

【ガナッシュ】
生クリーム（乳脂肪38％）　60g
フランボワーズのピュレ　40g
水あめ　6g
クーベルチュール（オ・レ）　85g
クーベルチュール（ノアール）　25g

【クレーム・フロマージュ】
フロマージュ・ブラン[*2]　200g
クレーム・ドゥーブル[*3]　100g
クレーム・ラフィネ[*4]　100g
- 生クリーム　200g
- グラニュー糖　35g
- 卵白　50g
- グラニュー糖　40g

【ソース】
フランボワーズのピュレ　50g
グラニュー糖　20g、水　30mℓ
オー・ド・ヴィー・ド・フランボワーズ　5mℓ

【飾り】
チョコレートソース、フランボワーズ、
ブルーベリー、オレンジ、ミントなど　各適宜

→ 手順 ←

1. 型の下準備
2. ビスキュイを焼く
3. シロップ、ソースをつくる
4. コンフィチュールをつくる
5. ガナッシュをつくる
6. クレーム・フロマージュをつくる
7. 組み立てる

[*1]「オー・ド・ヴィー・ド・フランボワーズ」は、香りをつけたリキュールとは違い、フランボワーズからつくる蒸留酒。

[*2]　フロマージュ・ブラン（左）は、牛乳をレンネット（凝乳酵素）で固めて水分をきっただけのシンプルなフレッシュチーズ。
[*3]　クレーム・ドゥーブル（中）は、生クリームを煮詰めた乳脂肪分50％ほどの濃厚なクリーム。
[*4]　クレーム・ラフィネ（右）は、生クリームに乳酸菌を加えて発酵させた発酵クリーム。

型の下準備

1 新しいガーゼを30cm×30cmに切り、ココット型にかぶせる。それよりもひと回り小さな抜き型やココットを入れて、ガーゼを型の内側にぴったりと合わせる。

2 周囲の余分なガーゼは底に折りたたみ、抜き型やココットを取りはずす。残りの型も同様に準備する。

ビスキュイを焼く

3 薄力粉とココアパウダーは合わせてふるっておく。

4 ボウルに卵黄を入れて泡立て器でほぐし、グラニュー糖を加えて混ぜる。

5 別のボウルに卵白を入れてほぐし、分量のグラニュー糖の1/10量を加えて泡立てる。小さな角が立つようになったら残りのグラニュー糖を3～4回に分けて加えて泡立て、しっかりしたメレンゲをつくる。

6 メレンゲに卵黄を加えてゴムべらで軽く混ぜる。

7 混ざりきらないうちにふるった粉類を加えて、さっくりと混ぜる。

8 生地のきめが整い、つやが出たらでき上がり。

9 直径6mmの丸口金をつけた絞り袋に生地を詰め、オーブン用の紙を敷いた天板に間隔をあけて直径約4cmに絞り出す。

10 180℃のオーブンに入れて8～10分焼き、ケーキクーラーにのせて冷ます。

シロップ、ソースをつくる

11 シロップのグラニュー糖と水を混ぜてグラニュー糖を溶かし、残りのシロップの材料とよく混ぜ合わせる。

12 ソースもシロップと同様の手順でつくる。 →

Crémet d'Anjou
クレメ・ダンジュ

コンフィチュールをつくる

13 ステンレス製の鍋にフランボワーズのピュレを入れ、グラニュー糖を加えて溶けるまで10分ほどおく。

14 鍋を強火にかけ、沸騰してきたら時々混ぜながら煮詰め、103〜104℃になったらとろみを確認して火を止める。

ガナッシュをつくる

15 2種のクーベルチュールは粗く刻み、合わせてボウルに入れておく。

16 鍋に生クリーム、フランボワーズのピュレ、水あめを入れて火にかける。沸騰してきたらゴムべらで軽く混ぜる。

17 沸騰した**16**のクリームを、すぐに**15**のクーベルチュールのボウルに加える。

18 1分ほどおいて、真ん中の部分から混ぜてクーベルチュールを溶かす。

19 なめらかに混ざったら泡立て器にかえて、前後に小刻みに動かしながら乳化させる。つやが出てきたら、そのままおいて室温まで冷ます。

クレーム・フロマージュをつくる

20 ボウルにフロマージュ・ブラン、クレーム・ドゥーブル、ラフィネを合わせて泡立て器で泡立てて空気を含ませる。

21 ミキサー用のボウルに生クリーム、グラニュー糖を入れて、トロリとするまで泡立てる。

22 フロマージュ・ブランのボウルに、泡立てた生クリームをすべて加える。

23 泡立て器で軽く混ぜる。

24 別のミキサー用のボウルに卵白を入れて軽く泡立て、分量のグラニュー糖の1/10量を加えて泡立てる。小さな角が立つようになったら残りのグラニュー糖を3〜4回に分けて加えて泡立て、しっかりしたメレンゲをつくる。

25 23のボウルに24のメレンゲをすべて加える。

26 ゴムべらでなめらかに混ぜる。

組み立てる

27 直径10mmの丸口金をつけた絞り袋にクレーム・フロマージュを詰め、ガーゼを敷いたココットの底全体に絞り出し、あとは中心をあけて渦状に絞り出す。

28 真ん中の穴にコンフィチュールをスプーン1杯ずつ入れる。

29 その上に直径10mmの丸口金をつけた絞り袋でガナッシュを絞り出す。ガナッシュが冷たい場合は、軽く温めて絞りやすくするとよい。

30 ビスキュイをシロップに浸してしみ込ませる。

31 軽く汁けをきってガナッシュの上にのせ、軽く押さえてなじませる。ビスキュイをのせるときに、クレーム・フロマージュに赤い汁をたらさないように注意。

32 上にクレーム・フロマージュでふたをするように、ココットの八分目まで絞り出す。

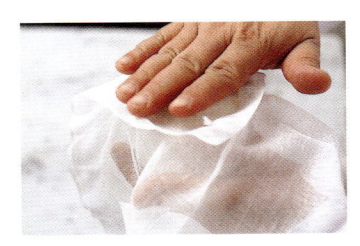

33 ガーゼの角の1つを折ってかぶせ、手で軽く押さえてなじませる。

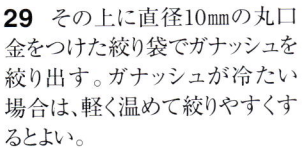

34 残りの3つの角は内側に折り込んでふんわりとかぶせ、冷蔵庫で1時間ほど冷やす。ココットから出して器に盛り、ソースやチョコレートソースを添え、好みのフルーツとミントで飾る。

Choux au chocolat

Gâteaux Frais du Chocolat

シュー・ショコラ

　私がつくるシュークリームは、〝ディアブル〟という名前がついている。フランス語で悪魔という意味。なんとも刺激的な名前だ。

　チョコレート専門店がつくるシュークリームだから、専門店らしくチョコレートをたっぷり使ったものをと思い、考えたお菓子。皮にはココアを混ぜて焼き、クリームにはガナッシュを混ぜた結果、こんな黒いお菓子ができ上がった。黒というイメージから、この名前をつけた。チョコレート専門店だから味わえるシュークリームにでき上がったと思う。

　いざ、つくるとなるとシューの皮、つまりシュー生地がふくらまないという失敗の経験を持つ人が少なくないようだ。

　難しいのはシュー生地づくり、特に水分と粉を混ぜるときですね。ココアには油脂分があるので、牛乳やバターと粉類を混ぜるときにツルツルして混ぜにくい。木べらで勢いよく、手早く混ぜること。水分がとばないことも問題だが、ここで火にかけすぎて水分がとびすぎてしまってもうまくふくらまない。生地がひとつにまとまって、生地から蒸気が出る状態が火から下ろす見極めになる。あとはミキサーにかけて卵を混ぜるが、最後の1コは少しずつ混ぜること。鍋の中での水分のとばし加減によって卵の入り具合は変わってくるので、生地を落として必ずチェックすることが大事。

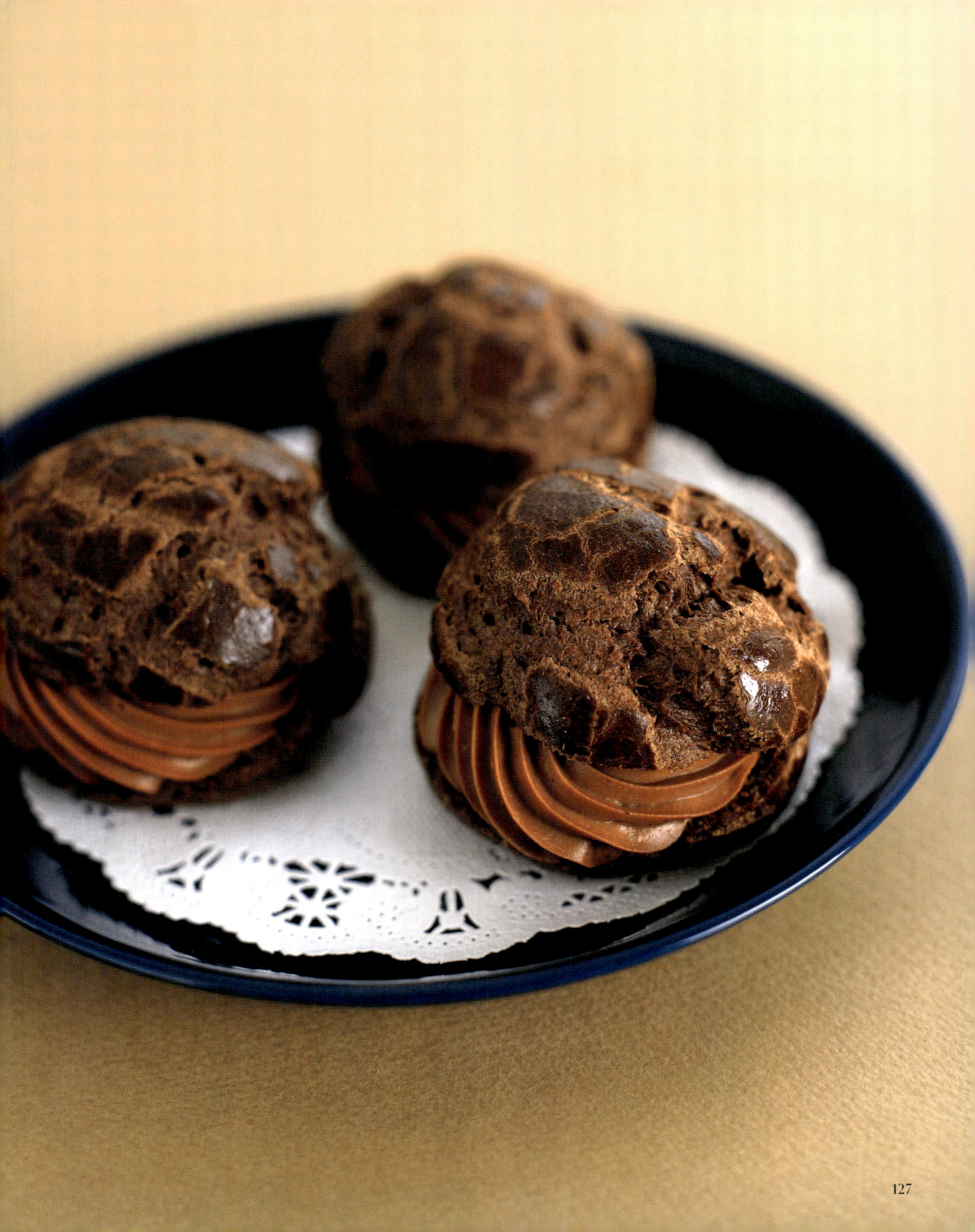

Choux au chocolat
シュー・ショコラ

シュー生地の卵は最初に4コ、残り1コは様子をみる。
生地のつやがよくなり、なめらかになったら生地を落としてチェックする。
生地がタラーッと三角に流れて落ちる状態になればよい。

材料（約20コ分）

【シュー生地】
- 牛乳　125g
- 水　125g
- バター（食塩不使用）　125g
- 塩　3g
- グラニュー糖　8g
- 薄力粉　125g
- ココアパウダー（無糖）　25g
- 卵　約5コ（270gぐらい）

【カスタードクリーム】
- 牛乳　500g
- バニラビーンズ　½本
- 卵黄　6コ分（120g）
- グラニュー糖　115g
- 薄力粉　25g
- コーンスターチ　25g

【ガナッシュ】
- クーベルチュール　100g
  ノアール・カカオ分70%
- 生クリーム　100g

つや出し用卵液＊　適宜

＊ 溶いた卵と卵黄を同量ずつ混ぜたもの。

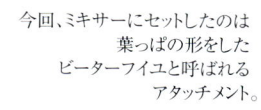

➡ **手順** ⬅

1. シュー生地をつくる
   ↓
2. シュー生地を焼く
   ↓
3. カスタードクリームをつくる
   ↓
4. ガナッシュをつくる
   ↓
5. 仕上げる

今回、ミキサーにセットしたのは葉っぱの形をしたビーターフイユと呼ばれるアタッチメント。

クリームの絞り出しに使用した口金。ギザギザに切り込みがあり、星形に絞り出せる。

シュー生地をつくる

1 薄力粉とココアパウダーは合わせて2回ふるう。

2 鍋に牛乳、水、バター、塩、グラニュー糖を入れて火にかける。泡立て器で混ぜてバターと塩を溶かす。

3 2がふわっと沸騰してきたら火を止め、ふるった粉類を一気に加える。

4 泡立て器で手早くかき混ぜ、まんべんなく混ぜ、ひとつにまとめて弾力を出す。

5 まとまったら、再び中火にかける。

6 木べらにかえてダマをつくらないよう、ひとつにまとめるように勢いよく混ぜる。生地から蒸気が出るようになったら、ビーターをセットしたミキサーに移す。

7 卵4コを加えてミキサーを中速にして混ぜる。なめらかになったら周囲についた生地をゴムべらで落とし、再び中速で軽くかける。

8 残りの卵1コを溶きほぐし、生地の様子をみながら少しずつ加えてミキサーで混ぜる。

9 生地につやが出て、タラーッと三角に流れ落ちるようになればOK。周囲の生地をゴムべらで落とし、生地が均一になるように軽くミキサーにかける。

シュー生地を焼く

10 直径1cmの丸口金をつけた絞り袋に生地を入れ、オーブン用の紙を敷いた天板に間隔をあけて、直径5cmに絞り出す。生地が熱いうちに絞ることが大事。

11 つや出し用の卵液をはけでぬる。

12 200℃のオーブンに入れて20分焼き、ケーキクーラーの上で冷ます。

Choux au chocolat
シュー・ショコラ

カスタードクリームをつくる

13 鍋に牛乳を入れる。バニラビーンズは切り込みを入れ、包丁の背で種をこそげ取り、種とさやを牛乳に加える。さらにグラニュー糖の半量も加えて火にかける。

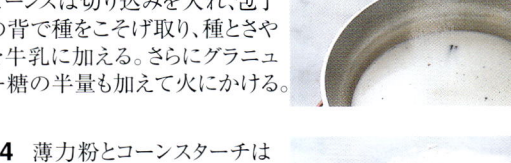

14 薄力粉とコーンスターチはふるい、残りのグラニュー糖と混ぜておく。

15 ボウルに卵黄を入れてほぐし、**14**を一度に加えて泡立て器でなめらかになるまで混ぜる。

16 牛乳が沸騰してふわっとなったら、1/3量を**15**に加えて混ぜ、残りも加えてよく混ぜる。

17 ストレーナーを通してこしながら鍋に移す(バニラビーンズのさやは香りが移るように最後まで入れておく)。

18 強火にかけ、泡立て器で勢いよく混ぜながら火を通す。

19 沸騰してもさらに勢いよく混ぜ続ける。

20 コシがなくなってトロトロになり、つやが出てきたら火からはずす。

21 ボウルに移し、ボウルの底に氷水を当てて急激に冷やし、混ぜながら20℃くらいまで冷ます。

22 トロトロしていたクリームがネバネバした状態になればでき上がり。

ガナッシュをつくる

23 クーベルチュールは粗く刻み、ボウルに入れておく。

24 生クリームを鍋に入れて中火にかける。

25 沸騰してふわっとなったら**23**に加える。

26 ひと呼吸おき、ゴムべらで中心から小刻みに混ぜて乳化させる。

27 泡立て器にかえ、勢いよく混ぜてさらにしっかり乳化させてなめらかにする。

仕上げる
28 カスタードクリームにガナッシュを加える。

29 泡立て器でなめらかになるまで混ぜる。

30 シュー皮の、上から1/3のところから斜めにパン切りナイフで切る。

31 直径8mmの星形口金をセットした絞り袋に**29**のクリームを詰める。

32 シュー皮の下の部分にクリームを絞り出す。

33 シュー皮の切り落とした上の部分をかぶせる。

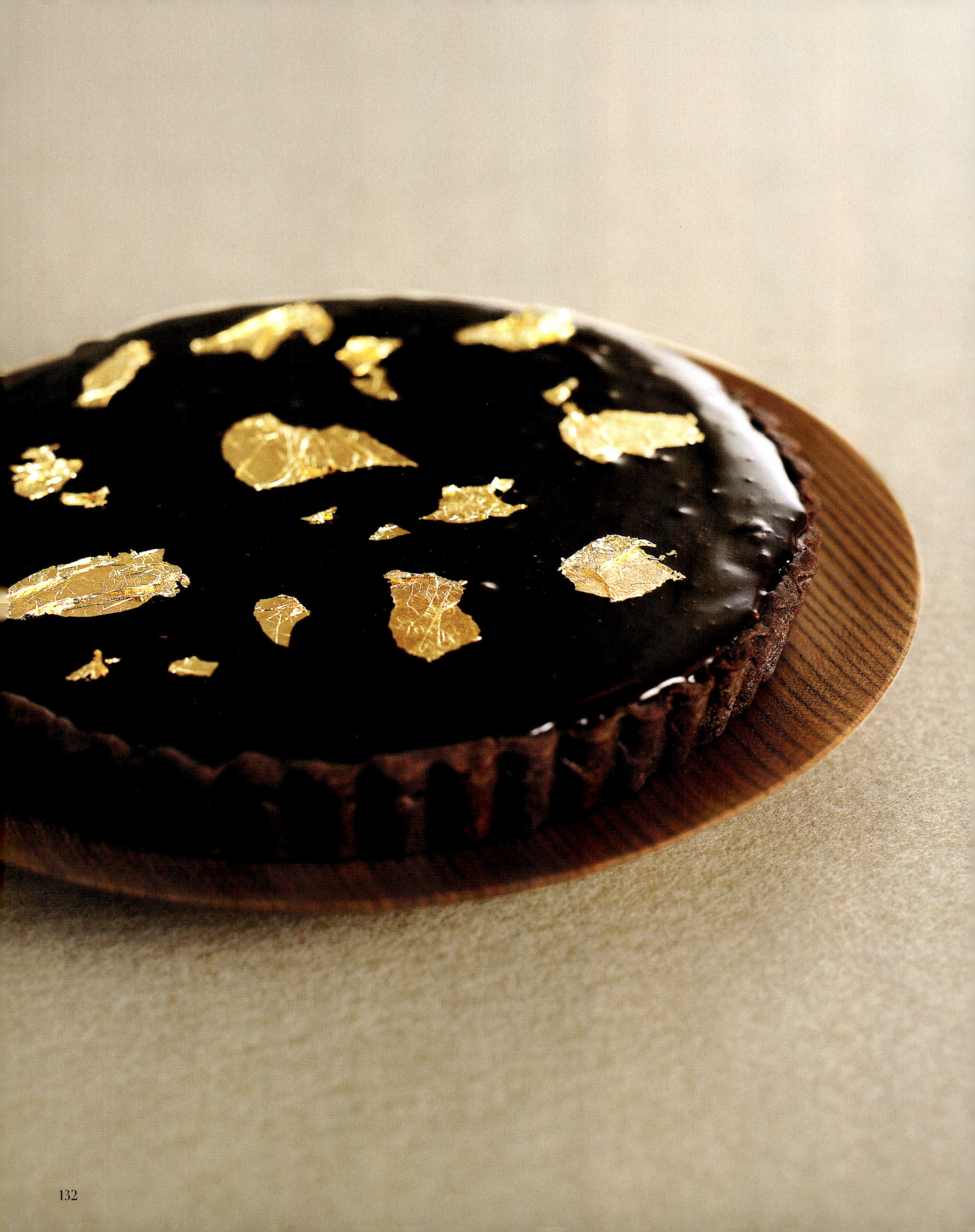

Tarte au chocolat

Gâteaux Frais du Chocolat

タルト・ショコラ

　サクッと割れるタルトに、トロリと濃厚なガナッシュを詰めたチョコレートタルト。

　口当たりの違いが魅力だ。このチョコレートタルトは4つのパートで構成されている。まずは土台になる「パート・シュクレ」（タルト）で、型に敷き込んでから焼く。タルトの中に詰めるのが「ビスキュイ」（スポンジ）と「ガナッシュ」で、「グラサージュ」を流して仕上げる。

　4つそれぞれにポイントがあるが、パート・シュクレをおいしく仕上げるのがいちばん大事。フォークを軽く入れただけで、サクッと割れるくらいにサクサクに焼き上げるのが理想。卵を混ぜたバターに粉を加えたら、混ぜすぎないこと。パサパサと粉が飛ばない状態になればでき上がりなのでミキサーをストップさせる。平らにのばしたら、冷蔵庫に入れて1時間はしっかり休ませる。生地をのばして型に敷き込んだら、厚みが均一になるようにする。ひと手間だが、タルト型の波形にひとつずつ合わせて、生地を切り落とす。ここを適当にしてしまうと、サクッとしたタルトにならない。

　こうして焼き上げたタルトに、ビスキュイを敷いてからガナッシュを詰める。ガナッシュだけでは重い味わいになるので、軽くなるようにビスキュイを敷いてガナッシュを流す。その上に流すグラサージュは、つやよく仕上げるもので、厚みは1.5〜2mmとごく薄く流すのが大事だ。

　4つのパートの中には多めにできてしまうものもあるが、どれも他に応用ができ、むだにはならない。切り落としたパート・シュクレはまとめてのばし、切り分けたり型で抜いたりして焼けばクッキーになる。ビスキュイは、泡立てた生クリーム、フルーツを添えれば手軽なデザートになる。

Tarte au chocolat
タルト・ショコラ

タルトのおいしさはパート・シュクレにある。
生地は粉を混ぜすぎない、のばすときはくっつかないように
手早く作業をし、型に敷いたら厚みが
均一になるようにすること。

材料（直径18cmタルト型3台分）
【パート・シュクレ ショコラ】
薄力粉 500g
ココアパウダー（無糖）100g
バター（食塩不使用）300g
グラニュー糖 150g
卵 150g
【ビスキュイ ショコラ】（直径15cm丸型1台分）
薄力粉 75g
ココアパウダー（無糖）30g
　卵黄 150g
　グラニュー糖 40g
　卵白 150g
　グラニュー糖 40g
バター（食塩不使用）45g
【ガナッシュ】
クーベルチュール 500g
　ノアール・カカオ分70％
生クリーム（脂肪分38％）555g
転化糖*1 55g
バター（食塩不使用）200g
【グラサージュ】
クーベルチュール 100g
　ノアール・カカオ分70％
パータ・グラッセ*2 200g
牛乳 120g
水あめ 10g
バター（食塩不使用）10g
打ち粉用強力粉 適宜
【飾り】
金箔 少量

*1 ショ糖をブドウ糖と果糖に分解したもので、
濃厚な甘みがあり、焼き色がつきやすくなる。
*2 テンパリングが不要なチョコレートで、
カカオバターの代わりにパーム油などの油脂が含まれている。
つやとのびがよく、主にコーティングに使う。

→手順←

1 下準備
2 パート・シュクレをつくる
3 ビスキュイを焼く
4 パート・シュクレを焼く
5 ガナッシュをつくる
6 パート・シュクレに詰める
7 グラサージュをつくる
8 仕上げる

下準備
1 パート・シュクレのバターは小さく切ってミキサー用のボウルに入れ、室温において柔らかくしておく。ガナッシュ、グラサージュのバターもそれぞれ細かく切り、室温においておく。

2 パート・シュクレの薄力粉とココア、ビスキュイの薄力粉とココアは合わせて、それぞれふるう。ビスキュイ用丸型の底と側面に、オーブン用の紙を敷いておく。

パート・シュクレをつくる
3 柔らかくしたバターをミキサーの高速にかけて練り、マヨネーズ状になったらグラニュー糖を少しずつ加えて混ぜる。

4 ミキサーを中速にして、卵を少しずつ加え混ぜる。

5 卵がまんべんなく混ざったら、ふるった粉類を一気に加え混ぜる。

6 粉が見えなくなったらミキサーからはずす。

7 生地をバットに取り出す。

8 生地にラップをかぶせ、手で押さえて平らにならして、冷蔵庫に1時間ほど入れて休ませる。

ビスキュイを焼く

9 ボウルに卵黄を入れてハンドミキサーでほぐし、グラニュー糖を数回に分けて加え、泡立てる。

10 さらに泡立てて白くもったりし、生地がリボン状に落ちてしばらくそのまま残る状態まで泡立てる。

11 別のボウルに卵白、分量のグラニュー糖の1/10量を入れ、ハンドミキサーでほぐす。白っぽく泡立ってきたら残りのグラニュー糖を2〜3回に分けて加え、ピンと角が立つまで泡立ててメレンゲをつくる。

12 卵黄のボウルにメレンゲの1/3量を加え、ゴムべらでグルグルとよく混ぜる。

13 ふるった粉類を2回に分けて加え、さっくりとまんべんなく混ぜる。

14 残りのメレンゲ、溶かしバターを加え、泡を消さないようにさっくりと混ぜる。

15 メレンゲの白い筋がなくなり、つやが出たら生地のでき上がり。

16 準備した丸型に流し入れ、180℃のオーブンで15分焼く。

17 焼けたらケーキクーラーにのせ、紙をはずして冷ましておく。

→

135

Tarte au chocolat
タルト・ショコラ

パート・シュクレを焼く

18 生地を冷蔵庫から出し、3等分する。台に打ち粉（分量外）をふって生地をのせ、めん棒で3mm厚さにのばす。

19 生地にピケ（穴あけ）する。

20 生地をめん棒に巻きつけ、タルト型の上でめん棒を戻して生地を広げてかぶせる。

21 生地を少し持ち上げ、型の底に合わせて敷き込む。

22 型の側面を人さし指で、縁の上を親指で押さえ、生地を切り落とす。型のくぼみに合わせてていねいにカットする。特に型の立ち上がりの部分の生地が薄くなりがちなので、生地が同じ厚さになるようにすること。残りの生地も**18**〜**22**を繰り返して型に敷き込み、冷蔵庫で20分休ませる。

23 オーブン用の紙を直径22〜23cmに切り、周囲に切り込みを数本入れて**22**のタルト型に敷く。

24 タルト石を重石にのせ、180℃のオーブンで15分焼く。タルト石と紙をはずしてさらに5分焼き、型に入れたまま冷ます。

ガナッシュをつくる

25 クーベルチュールは粗く刻み、ボウルに入れておく。鍋に生クリームと転化糖を入れて火にかけ、ふわっと沸騰してきたら火から下ろし、クーベルチュールに加える。

26 そのまま2〜3分ほどおき、ゴムべらで真ん中から混ぜてクーベルチュールを溶かす。

27 なめらかに混ざったら、泡立て器にかえて前後に小刻みに動かしながら乳化させる。

28 常温に戻したバターを加え、混ぜてバターを溶かす。

パート・シュクレに詰める

29 ビスキュイは底を薄くカットしてから、5mm厚さで3枚にカットする。

30 パート・シュクレに、少量のガナッシュを渦巻き状に流し入れる。上にのせるビスキュイとの接着剤になる。

31 ビスキュイを1枚のせ、軽く押さえてなじませる。

32 さらにガナッシュを型の九分目まで流し入れ、表面を平らにならす。残りの2台も同様につくり、冷蔵庫に入れて冷やし固める。

グラサージュをつくる

33 クーベルチュール、パータグラッセは大きめに刻み、ボウルに入れておく。

34 鍋に牛乳と水あめを入れて火にかける。

35 34がふわっと沸騰してきたら、33のボウルに一気に加える。

36 すぐに泡立て器で軽く混ぜる。ほぼ溶けたら前後に小刻みに動かしながら乳化させる。

37 室温に戻したバターを加え、混ぜて溶かす。

38 ガナッシュの上に薄くのばすために、トロトロの状態が理想。堅い場合はスプーン1杯ほどの水を様子をみながら加え、混ぜてのばしてもよい。

仕上げる

39 固まったガナッシュの上に、グラサージュを1/3量ずつ流し入れる。

40 型を傾けながらグラサージュを全体に薄くのばし、冷蔵庫で冷やしてグラサージュを固める。

41 型から出し、あれば金箔をのせて飾る。

Cacao aux framboises

Gâteaux Frais du Chocolat

カカオ・フランボワーズ

　このケーキはフランボワーズとビターチョコのムースを2層に重ねたもの。「ムース」はフランス語で泡のことで、生地に泡立てたクリームやメレンゲを混ぜるのが特徴。

　手順としては、まずビスキュイ（スポンジ）を焼く。ビスキュイの焼き色がついた面は、味のしみ込みが悪くなるので切り落として型に敷き、その上にフランボワーズムースを流し、粗く砕いたフランボワーズを散らして冷やし固める。よりフランボワーズを感じてほしいので、チョコレートの味に負けないようにブロークンフランボワーズをたっぷり使う。フランボワーズムースの上にチョコレートムースを流し、仕上げにつや出しのグラサージュを流して完成。

　下に敷くビスキュイとグラサージュに甘みをつけて、ムースにはほとんど甘みを加えません。フランボワーズ、チョコレートそれぞれの持ち味を生かすため。フランボワーズムースは酸っぱく、チョコレートムースは苦い。この2つを、上下の甘いものといっしょに口に入れるとバランスがいい。ムースにはメレンゲを加えるつくり方もあるが、私は入れません。メレンゲを加えると、味がボケるので。

　飾りはカカオニブを散らし、生のフランボワーズ、ピスタチオなどを添えて華やかに仕上げる。黒いグラデーションの中に、フランボワーズの赤がアクセントになったこのケーキは、見た目は濃厚でも口に含むとふわりと溶けて軽い。苦さと酸味の絶妙なバランスを味わいたい。

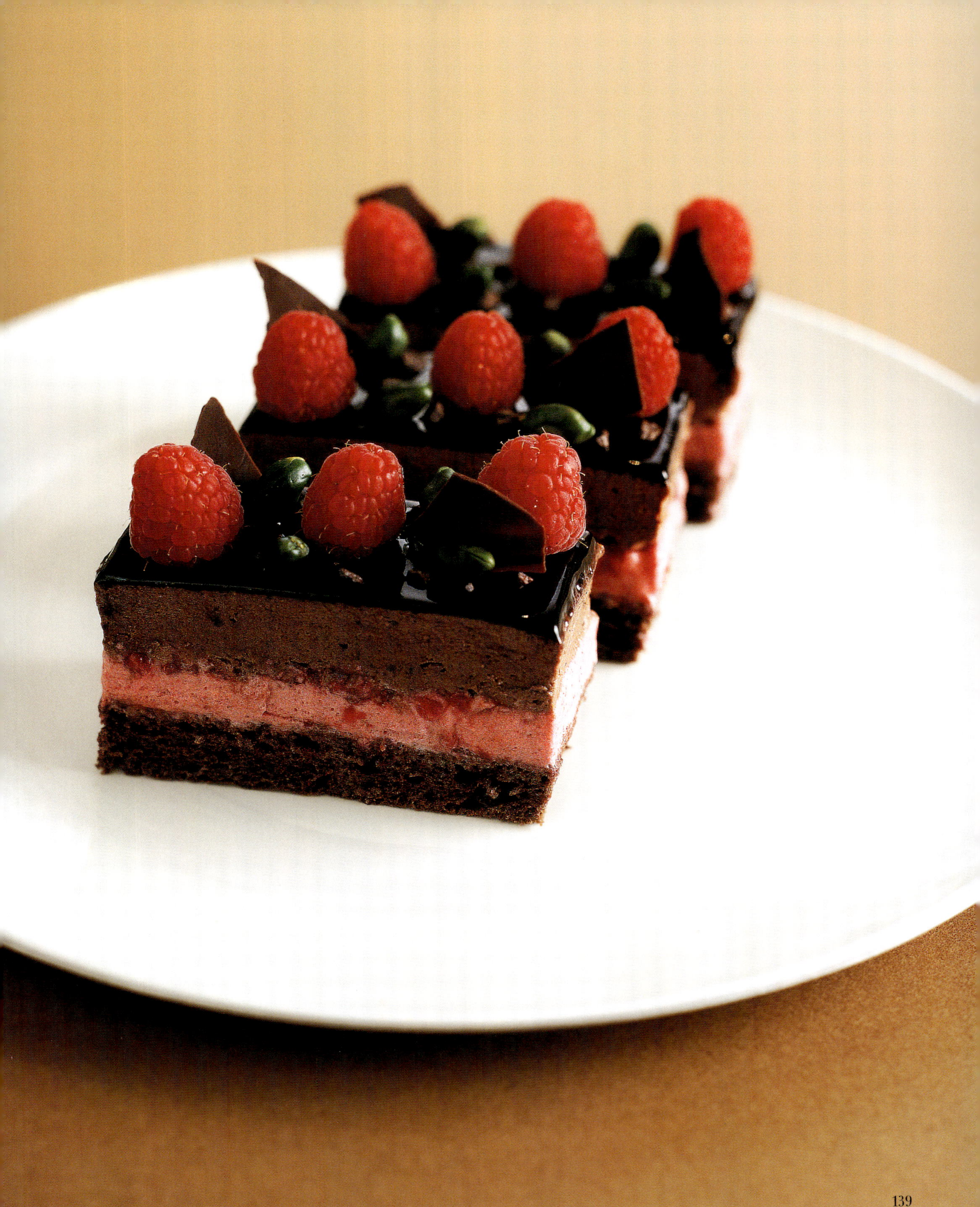

Cacao aux framboises
カカオ・フランボワーズ

ムースのコツはどちらも同じ。泡立てた生クリームに、ゼラチン入りのフランボワーズ液、クーベルチュールの液を加えるとき、どちらも生クリームの温度と同じくらいまで冷ますこと。

材料（33cm×8cm、高さ4cmの金型1台分）
【ビスキュイ生地】（25cm×36cm天板1枚分）*1
- 卵黄　128g
- グラニュー糖　110g
- 卵白　128g
- グラニュー糖　34g

薄力粉　60g
ココアパウダー（無糖）　26g
バター（食塩不使用。溶かして）　38g

【ムースフランボワーズ】
フランボワーズのピュレ（冷凍）　100g
グラニュー糖　8g
板ゼラチン　3g
キルシュ　6g
生クリーム（脂肪分38％）　90g
フランボワーズ（ブロークン）*2　30g

【ムースショコラ】
生クリーム　45g
牛乳　30g
ココアパウダー（無糖）　8g
クーベルチュール　85g
　ノアール・カカオ分70％
バター（食塩不使用）　60g
生クリーム（泡立て用）　120g

【グラサージュ】
- 水　45g
- グラニュー糖　112g
- 生クリーム　105g

ココアパウダー（無糖）　45g
板ゼラチン　5.4g

【飾り】
フランボワーズ・ピスタチオ・カカオニブ　各適宜
プラケット*3　適宜

*1　今回は焼き上がりの約半量を使用。残りは他のお菓子に使ったり、すぐに食べない場合は冷凍保存する。
*2　フランボワーズを冷凍して粗く砕いたもの（写真上）。
*3　テンパリングしたクーベルチュールをごく薄くのばした飾り用のチョコレート。

➔手順➔
1. ビスキュイを焼く
   ↓
2. ビスキュイを敷く
   ↓
3. ムースフランボワーズをつくる
   ↓
4. ムースショコラをつくる
   ↓
5. グラサージュをつくる
   ↓
6. 仕上げる

ビスキュイを焼く
1 薄力粉とココアパウダーは合わせて2回ふるっておく。

2 ボウルに卵黄を入れてハンドミキサーでほぐし、グラニュー糖を加えて白く、もったりするまで泡立てる。

3 ミキサーのボウルに卵白を入れて、ミキサーで泡立てる。小さな角が立つようになったらグラニュー糖を加えてさらに泡立て、しっかりしたメレンゲをつくる。

4 メレンゲの1/3量を**2**の卵黄に加えて、ゴムべらでさっくりと混ぜる。

5 **4**をメレンゲのボウルに戻し、泡を整えるようにしっかり混ぜる。

6 ふるった粉類を少しずつ加えて、さっくりと混ぜる。

7 粉っぽさが残っているところで溶かしたバターを加える。

8 つやよくなるまで、しっかり混ぜる。

9 オーブン用の紙を敷いた天板に、生地を流し入れ、表面を平らにならす。180℃のオーブンに入れて約15分焼き、ケーキクーラーに取り出して冷ます。

ビスキュイを敷く
10 ビスキュイは焼けた面を上におき、型をのせて型のサイズに合わせて切る。

11 ビスキュイの両サイドに、厚さ1.5cmの棒を置き、厚みが1.5cmになるように焼き色のついた面を切り落とす。

12 型の中にビスキュイを敷く。

ムースフランボワーズをつくる
13 板ゼラチンを水につけてふやかす。

14 フランボワーズのピュレにグラニュー糖を混ぜる。

15 **14**のフランボワーズの1/10量を耐熱の容器に移し、**13**のゼラチンの水けをしっかり絞って加える。電子レンジに20〜30秒ほどかけて溶かす。または湯せんで溶かしてもよい。

16 残りのフランボワーズに**15**を戻し入れ、よく混ぜる。キルシュも加え混ぜ、生クリームと同じくらいの温度まで冷やす。

17 ボウルに生クリームを入れ、ハンドミキサーでゆるい角が立つまで(七分立て)泡立てる。

→

Cacao aux framboises
カカオ・フランボワーズ

18 16に17の生クリームの⅓量を加えて、ゴムべらで混ぜる。

19 18を残りの生クリームに戻して、なめらかに混ぜる。

20 ビスキュイを敷いた型にムースを流し入れ、平らにならす。

21 フランボワーズのブロークンをまんべんなく散らして冷蔵庫で冷やし固める。

ムースショコラをつくる

22 バターは室温に戻し、マヨネーズ状にしておく。クーベルチュールは粗く刻んでボウルに入れておく。鍋に生クリーム、牛乳を入れて火にかける。

23 鍋がふわっと沸騰したら、火を止めてココアパウダーを加え、泡立て器でなめらかに混ぜる。

24 再び火にかけ、泡立て器で混ぜてココアパウダーを溶かす。

25 再びふわっと沸騰したら、クーベルチュールに加え、ゴムべらで混ぜて溶かす。

26 マヨネーズ状にしたバターを加え、泡立て器で混ぜて余熱で溶かす。生クリームと同じくらいの温度まで冷やす。

27 ボウルに生クリームを入れ、ハンドミキサーでゆるい角が立つまで(七分立て)泡立てる。

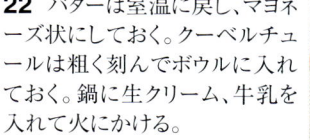

28 27の生クリームの⅓量を26に加え、なめらかに混ぜる。

29 28を残りの生クリームに戻し、ゴムべらで泡を消さないように静かに混ぜる。白い筋がなくなればでき上がり。

30 フランボワーズムースを流した型に**29**を流し入れ、最後はパレットナイフで平らにならす。冷蔵庫に入れて、30分ほど冷やし固める。

グラサージュをつくる

31 板ゼラチンをたっぷりの水につけてふやかし、ココアパウダーはふるっておく。鍋に水、グラニュー糖、生クリームを入れて火にかける。

32 鍋がふわっと沸騰したら火を止め、ココアパウダーを一気に加えて、泡立て器でなめらかに混ぜる。鍋を再び火にかけ、混ぜながら沸騰させて火を止める。

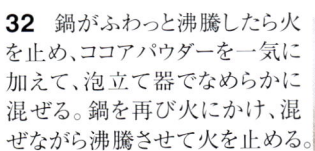

33 水けをよく絞った板ゼラチンを加え、混ぜながら余熱で溶かす。

34 ストレーナーでこし、約40℃まで冷ます。

仕上げる

35 型を冷蔵庫から取り出す。グラサージュを泡立て器で混ぜて柔らかくし、トロトロにする。ムースショコラの上に流し入れる。

36 パレットナイフで平らにならす。

37 型の周囲についたグラサージュを落とし、型の周囲をバーナーで温めて、型を抜く。または温めたタオルを当ててもよい。

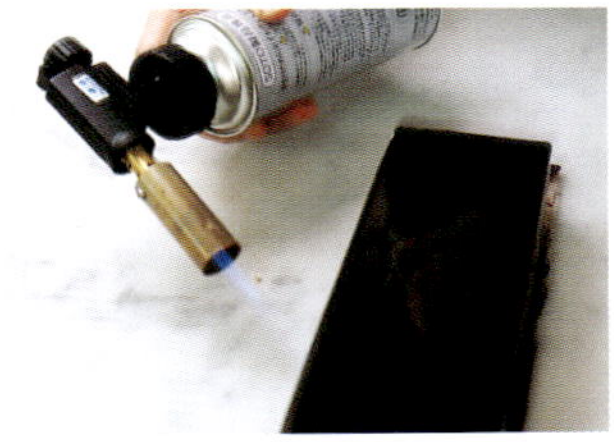

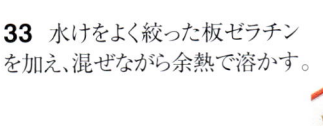

38 温めたナイフで両端を切り落とる。

39 さらに温めたナイフで3.5cm幅に切り分ける。カカオニブを散らし、フランボワーズ、ピスタチオ、プラケットを飾る。

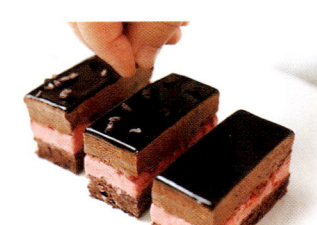

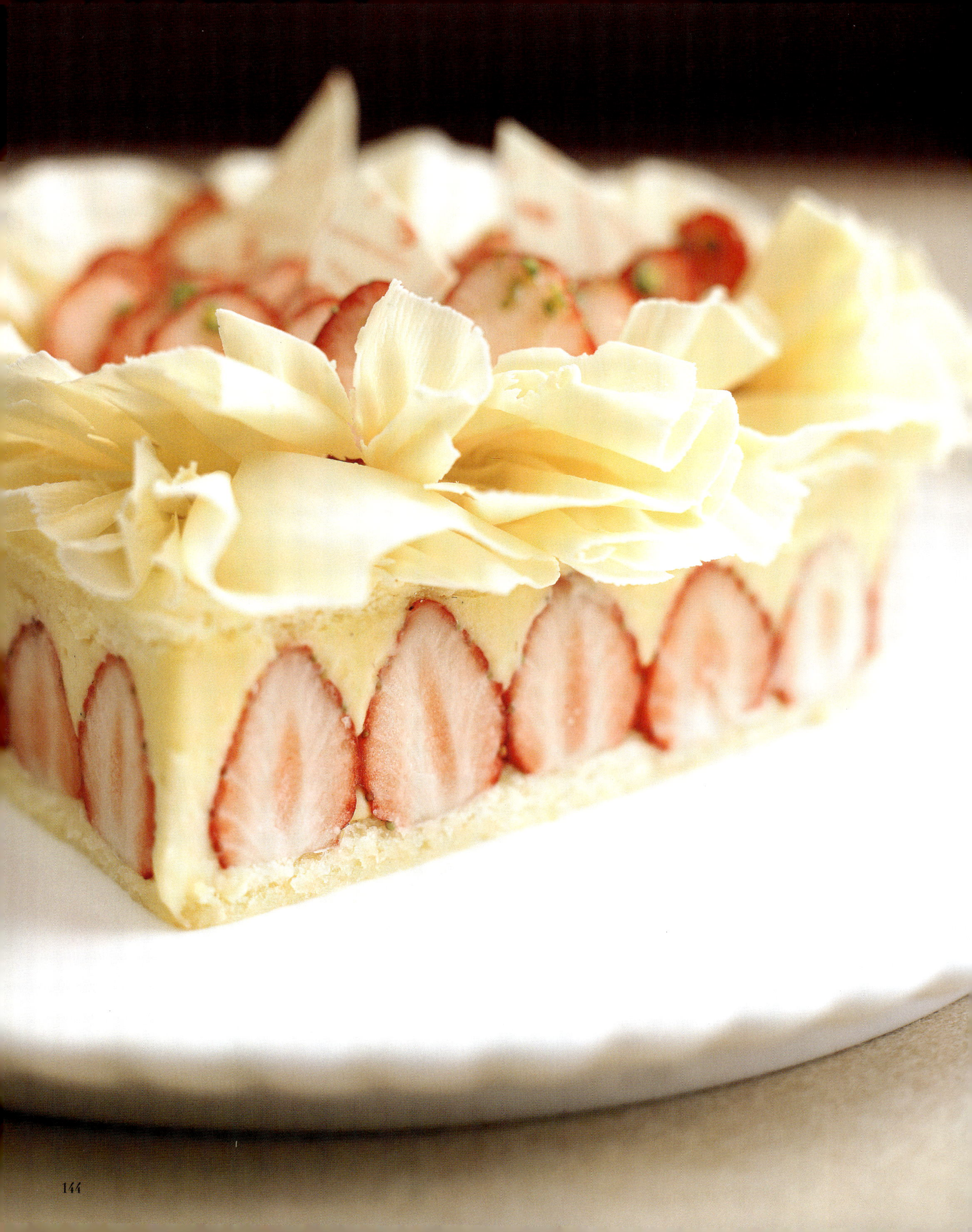

Mariage

ホワイトチョコレートといちごのマリアージュ

　ホワイトチョコレートはカカオバターに砂糖や粉乳を加えたもので、色のついたカカオ成分がないために白く仕上がり、苦みもない。ホワイトチョコレートのクリーミーさを生かし、カスタードクリームに混ぜて濃厚なクリームに仕上げる。甘酸っぱいいちご、フワフワ、しっとりのジェノワーズ（スポンジケーキ）と組み合わせて、春らしい華やかなケーキに仕上げた。

　このケーキの土台になるのはジェノワーズ。泡立てた卵に、粉類と溶かしバターを混ぜて焼く。ポイントはとにかく卵をしっかりと泡立てること。バターを加えたら泡をつぶしながら混ぜ、生地のつやがよくなるまでしっかり混ぜること。

　溶かしてごく薄くのばし、扇状に削ったチョコレートを飾りに使用。これはエバンタイユと呼ばれ、チョコレートの扱いの中でも高度な技術。のばしたチョコレートを堅くもなく、柔らかくもない状態で削るタイミングが難しい。何度か試してコツをつかんでほしい。こんな飾りができれば、本格派のケーキに仕上がる。

　ジェノワーズ、カスタードクリームは、それぞれ菓子づくりの基本になるもの。ひとつのケーキに基本のワザが詰め込まれ、菓子づくり初心者にも楽しいケーキだ。

Mariage
ホワイトチョコレートといちごのマリアージュ

ハート型は底がない、丸型は底があるタイプを使用。
ジェノワーズは今回使用するのは2cm厚さほど。残りはデザートなどに使う。
焼き上がったものをよく冷まし、冷凍すれば保存もできる。

材料（18cm×16cmのハート型1台分）
【ジェノワーズ】（直径21cm丸型1台分）
卵　4コ（240g）
グラニュー糖　120g
薄力粉　110g
アーモンドプードル　20g
溶かしバター（食塩不使用）　30g
型にぬるバター・薄力粉　各適宜
【ホワイトチョコレートクリーム】
牛乳　250g
バニラビーンズ　1/4本
卵黄　3コ分（60g）
グラニュー糖　75g
薄力粉　25g
バター（食塩不使用）　120g
クーベルチュール（ブランシュ）　70g
キルシュ　18g
【シロップ】
水　50g
グラニュー糖　36g
キルシュ　16g
【飾り】
クーベルチュール（ブランシュ）　200g
生クリーム　100g
グラニュー糖　7g
いちご　1 1/2パック
菓子用転写シート　1枚
ピスタチオ（刻んで）　適宜
ナパージュ*（市販）　適宜

＊つやをつけたり、空気に触れるのを防ぐためにぬる素材。ここでは無色透明のものを使用。

➡ 手順 ⬅

1. 下準備
2. 飾りをつくる
3. ジェノワーズを焼く
4. ホワイトチョコレートクリームをつくる
5. クリームを詰める
6. 仕上げる

下準備

1 ジェノワーズ用の丸型の内側に溶かしバターをはけでぬり、小麦粉を全体に薄くまぶす。余分な粉を落とし、底にオーブン用の紙を敷いておく。

2 ハート型も内側に溶かしバターを薄くぬっておく。

3 シロップ用の水とグラニュー糖を小鍋に入れて火にかけ、沸騰したら火を止める。室温まで冷まし、キルシュを混ぜてシロップをつくる。ジェノワーズ用の薄力粉とアーモンドプードルは合わせて2回ふるい、バターは湯せんにかけて溶かす。クリーム用のバターは室温に戻して柔らかくしておく。

飾りをつくる

4 飾り用のクーベルチュールを細かく刻み、ボウルに入れる。ボウルを湯せんにかけ、40℃くらいに温めて溶かす。湯せんからはずして、35℃まで冷ます。

5 4を大理石の上に少し流し、トライアングルで縦、横にできるだけ均一に、薄くのばす。下が透けて見えるか、見えないかぐらいに薄くのばす。

6 クーベルチュールが20℃くらいになって固まりかけてきたら、トライアングルで弧を描くように削ってフリル状にする。うまく形づくれなかったら、チョコレートをもう一度湯せんにかけて溶かしてやり直して、たくさんの飾りをつくる。

7 残りのクーベルチュールは、菓子用転写シートにパレットナイフで薄くのばしておく。固まったらシートをはがす。

ジェノワーズを焼く

8 ミキサー用のボウルに卵を入れて泡立て器で軽くほぐし、グラニュー糖を少しずつ加えながら混ぜる。ボウルをガスの弱火にかけ、ボウルを回しながら泡立て、卵液が40℃になるまで温める。時々火からはずして、高温にならないよう調節する。

9 卵液が40℃になったら高速のミキサーにかけて泡立てる。線ができるくらいに泡立ったら、中速にしてきめ細かく泡立てる。

10 生地を落としてみて、ゆっくりと落ちた生地がしばらくそのままの状態を保つようになったら泡立て完了。

11 ふるった粉類を3回に分けて加え、ゴムべらで手早く混ぜる。

12 溶かしたバターに生地を少量すくって混ぜ、これを生地に戻す。バターはそのまま加えると沈んでしまうので、生地と混ぜてから加えると沈みが防げる。

13 ゴムべらでしっかり混ぜる。

14 生地のつやがよくなり、タラタラと流れ落ちて、筋がかけるくらいになれば生地の完成。

15 準備した型に流し入れ、ゴムべらで混ぜて表面を平らにならす。型を少し持ち上げては落とすを5～6回繰り返して生地の中の空気を抜く。

16 170℃のオーブンに入れて15分焼き、温度を160℃に下げてさらに15分焼く。手で押してホワホワの状態で、ジュワッという音がしなければ焼き上がり。型から出し、ケーキクーラーの上で冷ます。

ホワイトチョコレートクリームをつくる

17 鍋に牛乳を入れる。バニラビーンズは切り込みを入れ、包丁の背で種をこそげ取り、種とさやを牛乳に加える。さらにグラニュー糖の半量も加えて火にかける。薄力粉はふるい、残りのグラニュー糖と混ぜておく。

18 ボウルに卵黄を入れてほぐし、粉とグラニュー糖を一度に加えて泡立て器でなめらかに混ぜる。

19 牛乳が沸騰してふわっとなったら、半量を卵黄に加えて混ぜ、残りも加えてよく混ぜる。

20 ストレーナーを通してこしながら鍋に移す(バニラのさやは香りが移るように最後まで入れておく)。

21 鍋を強火にかけ、泡立て器で勢いよく混ぜながら火を通す。

22 沸騰してもさらに混ぜ続け、コシがなくなってトロトロになり、つやが出てきたら火から下ろす。

23 小さく刻んだクーベルチュールを加え、混ぜて溶かす。

24 ボウルに移し、ボウルの底に氷水を当てて冷やし、混ぜながら20℃くらいまで冷ます。

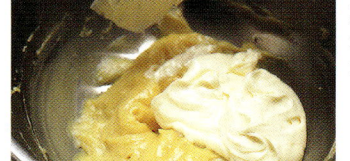

25 室温に戻したバターを別のボウルに入れてポマード状に練り、冷めたクリームに加える。

26 なめらかに混ぜ、最後にキルシュを混ぜて香りをつける。

クリームを詰める

27 ジェノワーズは1cm厚さに2枚切る。1cm高さのアルミ棒を前後において、それに沿わせながら切るとよい。

28 ハート型で抜く。

29 表面にシロップをぬる。ビシャッとするくらいたっぷりとぬること。

30 ハート型の中にジェノワーズを1枚敷く。移動しやすいように、バットの底などの上にのせて作業するとよい。ヘタを除き、縦半分に切ったいちごを型に沿って並べる。

31 ホワイトチョコレートクリームを口径1cmの口金をつけた絞り袋に入れ、並べたいちごの間を埋めるように絞り出す。

32 外側から中心に向け、ジェノワーズの全面に絞り出す。

33 いちごの間に絞り出したクリームを、パレットナイフでならしてすき間を埋める。

34 クリームの上に、ヘタを除いたいちごを全体に並べる。いちごの上から軽く押さえてクリームの中に落ち着かせる。

35 いちごの間を埋めるようにクリームを絞り出し、ゴムべらで平らにならす。

36 もう1枚のジェノワーズをのせ、上に平らな天板やバットをのせて押さえ、しっかりなじませる。冷蔵庫に入れて1時間ほど冷やし固める。

仕上げる

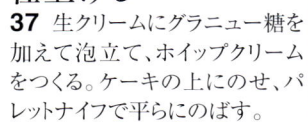

37 生クリームにグラニュー糖を加えて泡立て、ホイップクリームをつくる。ケーキの上にのせ、パレットナイフで平らにのばす。

38 側面もきれいにし、ケーキを回転台に移す。

39 型にバーナーの火を当てて温める。バーナーがない場合は、熱くしたタオルを型の周囲に巻きつけて温めるとよい。型をそっとはずす。

40 パレットナイフで側面をきれいにならす。

41 ケーキを器に移し、エバンタイユを二重に飾る。

42 縦半分に切ったいちごを真ん中に飾る。いちごにナパージュをぬってつやを出し、刻んだピスタチオを散らす。転写シートにのばしたホワイトチョコレートを割って飾る。

Mariage
ホワイトチョコレートといちごのマリアージュ

150

Bûche de Noël

Gâteaux Frais du Chocolat

ブッシュ・ド・ノエル

　私がフランスにいたころは、クリスマスが近づくとケーキ屋さんにいろんな大きさの『ブッシュ・ド・ノエル』が並んでいた。丸太形、四角、半円形と形はさまざまでも、どれも樹皮に似せて筋目をつけて薪に見立ててあった。

　私がつくる『ブッシュ・ド・ノエル』はチョコレートの香りと口溶けを堪能するもの。粉はチョコレートのじゃまをするので、一切加えない。

　ショコラ・キュイはスポンジのように見えるが、泡立てた卵にチョコレートを混ぜて焼いたもの。粉を入れないので、口に含むとふわっと溶けてしまう。ガナッシュをたっぷりとサンドして、仕上げはつやのあるグラサージュでコーティングする。基本のパートはたった3つ。チョコレートのほかの主な材料は卵、砂糖、生クリーム、牛乳だけで、余分な香りもつけない。上質なチョコレートを味わうために、極力シンプルな組み合わせにして、組み合わせの妙を楽しむケーキ。いかにシンプルなケーキをつくるかは私の課題のひとつなので。

　ケーキが完成したら、飾りつけはマロンやナッツなど手に入るもので。さらにオーナメントなども添えてクリスマス気分を盛り上げる。とにかくチョコレートで味が決まるので、上質なチョコレートを手に入れてつくりたい。

Bûche de Noël
ブッシュ・ド・ノエル

フランスでクリスマスケーキといえば薪に似せた
「ブッシュ・ド・ノエル」のこと。
粉をまったく使わず、
チョコレートたっぷりのぜいたくなもの。
クリスマスはチョコレートケーキで!

材料（8cm×36cm×4cm 1台分）
【ショコラ・キュイ】（約40cm×30cmの天板1枚分）
卵黄　90g
グラニュー糖　50g
クーベルチュール（ノアール・カカオ分70％）　110g
卵白　180g
グラニュー糖　50g
【ガナッシュ】
　クーベルチュール（ノアール・カカオ分70％）　250g
　生クリーム（乳脂肪分38％）　130g
生クリーム（乳脂肪分38％）　100g
【グラサージュ】
牛乳　150g
水あめ　15g
クーベルチュール（ノアール・カカオ分70％）　150g
パータグラッセ*1　300g
ショートニング*2　15g
【プラケット】
クーベルチュール（ノアール・カカオ分62％）　50g
クーベルチュール（ブランシュ）　20g
【飾り】
粉砂糖　適宜
マロンのシロップ煮　8コ
アーモンド・ピスタチオ・ヘーゼルナッツ　各適宜
ホワイトチョコレート（プレート用・板状）　1枚

*1 テンパリングが不要なチョコレートで、
カカオバターの代わりにパーム油などの油脂が含まれている。
つやとのびがよく、主にコーティング用に使う。
（19ページ参照）
*2 ラードの代用品として製造された加工油脂。
チョコレートに混ぜてつやを出す。

➡手順⬅

1. プラケットをつくる
　↓
2. ショコラ・キュイを焼く
　↓
3. ガナッシュをつくる
　↓
4. 型に詰める
　↓
5. グラサージュをつくる
　↓
6. 仕上げる

プラケットをつくる

1 テンパリングしたクーベルチュールのブランシュ（25ページ参照）をシートの上に点々と散らし、パレットナイフで薄くのばす。

2 その上にテンパリングしたクーベルチュールのノアール（22〜23ページ参照）を流し、ごく薄くのばしてしばらくおいて固めてシートをはがす。

ショコラ・キュイを焼く

3 ボウルに卵黄を入れてほぐし、グラニュー糖を加えて白っぽく、もったりするまで泡立て器またはハンドミキサーで泡立てる。

4 クーベルチュールは細かく刻み、湯せんにかけて溶かす。

5 ミキサー用のボウルに卵白を入れ、分量のグラニュー糖から1/10量を加えて泡立てる。小さな角が立つようになったら残りのグラニュー糖を3〜4回に分けて加えて泡立て、しっかりしたメレンゲをつくる。

6 **3**の泡立てた卵黄に、溶かしたクーベルチュールを加える。

7 泡立て器でよく混ぜ、クーベルチュールの筋がなくなればよい。

8 **7**に**5**のメレンゲの1/3量を加えて、泡立て器でしっかり混ぜる。

9 白い筋がなくなったら残りのメレンゲを加え、ゴムべらで泡を消さないようにさっくりと混ぜる。

10 オーブン用の紙を敷いた天板に生地を流し、パレットナイフで平らにならす。180℃のオーブンで14分焼き、ケーキクーラーに移して冷ます。

ガナッシュをつくる

11 クーベルチュールは粗く刻み、ボウルに入れておく。鍋に生クリーム130gを入れて火にかけ、ふわっと沸騰してきたら、火から下ろしてクーベルチュールに加える。

12 そのまま2分ほどおき、真ん中から混ぜてクーベルチュールを溶かす。

13 なめらかに混ざったら、前後に小刻みに動かしながら乳化させる。

14 ミキサー用のボウルに生クリーム100gを入れて泡立てる。小さな角ができるくらいになったらOK。

15 **14**のクリームの1/3量を**13**に加えて、泡立て器でなめらかに混ぜる。

→

Bûche de Noël
ブッシュ・ド・ノエル

16 15に残りの14のクリームを加えて、ゴムべらでさっくりと混ぜる。

17 つやが出れば完成。

型に詰める

18 ショコラ・キュイをバットの間にはさみ、上下を返す。

19 オーブン用の紙をはがす。もう一度バットにはさんで上下を返し、焼き面を上にする。

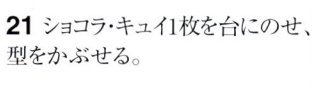

20 型をのせて、型に合わせて3枚に切る。

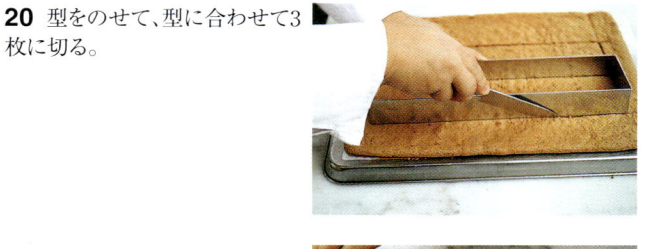

21 ショコラ・キュイ1枚を台にのせ、型をかぶせる。

22 21の上にガナッシュの¼量を入れて、ゴムべらで平らにならす。

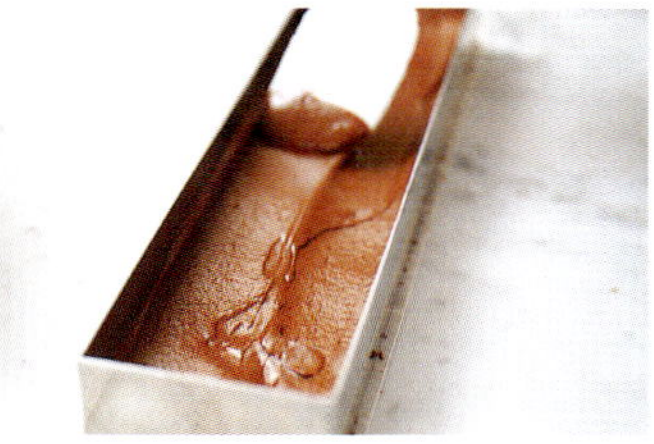

23 2枚目のショコラ・キュイをのせて軽く押さえる。22と同量のガナッシュを入れて、ゴムべらで平らにならす。

24 3枚目のショコラ・キュイをのせて軽く押さえる。

25 ガナッシュをのせ、パレットナイフで型の口いっぱいに平らにならして、冷蔵庫で冷やす。

グラサージュをつくる

26 クーベルチュールは粗く刻み、パータグラッセは大きめに刻み、合わせてボウルに入れておく。

27 鍋に牛乳と水あめを入れて火にかけ、ふわっと沸騰したら火から下ろし、26のボウルに加える。

28 そのまま1分ほどおく。

29 真ん中から混ぜてクーベルチュールを溶かす。なめらかに混ざったら、前後に小刻みに動かしながら乳化させる。

30 つやが出てきたらショートニングを加えてさらにつやが出るまで混ぜる。

31 状態を見て、堅い場合は水大さじ1を加える。

32 トロトロと流れるくらいの状態にする。

仕上げる

33 冷蔵庫から型を取り出し、型の周囲をバーナーで温める。または温めたタオルを当ててもよい。型をはずす。

34 グラサージュがきれいにぬれるように、ケーキの側面にガナッシュを薄くぬって平らにならす。

35 バットにケーキクーラーをのせ、ここにケーキを移す。のばしやすく35℃くらいに温めたグラサージュを一気にかける。

36 パレットナイフで全面を平らにならす。フォークで飾りをつけるので、少し厚めにのばすとよい。

37 薪の樹皮のようにフォークで筋をつける。

38 粉砂糖をふり、マロン、適当な大きさに割ったプラケットをのせる。

39 オーブン用の紙でコルネをつくり（157ページ参照）、ガナッシュを詰めて口を細く切り、ホワイトチョコレートに絞り出す。

40 ガナッシュで文字を書いたホワイトチョコレートやナッツ類を散らして飾る。

チョコレート菓子づくりの用語

ア

アーモンドダイス／アーモンドプードル
アーモンドはバラ科の木の実で、ダイスはアーモンドを細かく刻んだもの。プードルはパウダーと呼ばれるように、粉末にしたもの。

アマンド
フランス語で、アーモンドのこと。

板ゼラチン
動物の骨や皮からとったたんぱく質のコラーゲンが主成分。水につけて戻し、水けをよく絞って使う。

エバンタイユ
テンパリングしたクーベルチュールを薄くのばしたものを、扇状に削ったもの。お菓子の飾りに使う。

オー・ド・ヴィー・ド・フランボワーズ
オー・ド・ヴィー（eau-de-vie）は蒸留酒のことで、フランボワーズ（英語でラズベリー）をアルコール浸漬後、蒸留したもの。

オレンジピール
オレンジの皮のシロップ煮。糖液で煮込んでは砂糖を加え、数回繰り返して徐々に糖度を上げたもの。「コンフィ・ド・オレンジ」は糖度をゆっくりとしみ込ませたものでピールよりもていねいにつくられたもの。完成されたお菓子でもある。

温度計
テンパリングするときには表面温度が測定できる「レーザー温度計」がよく、キャラメリゼする糖液や、コンフィチュールを煮詰めるときには200℃まで測定できる温度計を使用する。

デジタルレーザー温度計

カ

カカオニブ
カカオ豆から外皮と胚芽を除き、粗く砕いたもの（18ページ参照）。

カカオマス
カカオ豆から外皮と胚芽を取り除き、砕いてつぶしたもの。他に混ぜものをしていないもので、「ビターチョコレート」とも呼ばれる（18ページ参照）。

ガナッシュ
チョコレートをベースに、生クリーム、バター、牛乳などの液状のものを混ぜたもの。チョコレートと生クリームのシンプルなものから、バターや洋酒が入るものなどさまざまなバリエーションがある。ボンボン・オ・ショコラのセンター（芯）やシューやタルトのクリームとして使う。

カバーリング
トリュフやボンボン・オ・ショコラのセンター（芯）にトランペ（上がけ）すること。テンパリングしたクーベルチュールを使う。

キャラメル／キャラメリゼ
キャラメルは砂糖を180℃以上に煮詰めて茶褐色にした糖液のこと。キャラメリゼはキャラメルをつくる、またはキャラメルを型に流したり、付着させること。

キルシュ
野生の小さなさくらんぼを発酵させてつくる蒸留酒。

クーベルチュール
総カカオ分が35％以上、そのうちカカオバター分31％以上、固形分2.5％以上を含み、カカオバター以外の油脂を使わないチョコレート。ノアール（ブラック）、オ・レ（ミルク）、ブランシュ（ホワイト）などの種類がある（14〜15ページ参照）。

グラサージュ
菓子に風味と光沢を与える上がけ用のチョコレートや、またが上がけをすること。チョコレート以外に、糖衣やクリームをかけることもいう。

クレーム・ドゥーブル
生クリームの仲間で乳脂肪分50％ほどの濃厚なクリーム。

クレーム・ラフィネ
生クリームに乳酸菌を加えて発酵させた発酵クリーム。

ケーキクーラー
焼き上がったお菓子をのせて冷ますもの。足つきなので風が通り、湿気がこもらずに冷ますことができる。グリル、網などとも呼ばれる。

こす
液体やクリームを、ストレーナーや裏ごし器、シノワを通して、種やダマなどを除いてなめらかにすること。少量なら茶こしでもできる。

コニャック
ワインを蒸留したお酒。ブランデーやアルマニャックも同じくワインを蒸留したもの。

コポー
クーベルチュールを削って、木屑のように仕上げたもの。パレットナイフ、抜き型、くりぬき用のスプーンなどで削ってつくる。

コルネ
シリコンペーパーなどでつくる、円錐の絞り出し用の袋。細く絞り出せるのでモールド（型）の細かい部分に絞り出したり、文字をかいたりするときに使う。
［つくり方］
1 シリコンペーパーを長方形に切り、写真のように対角線を少しずらして折ってからカットする。
2 いちばん長い辺の、1/3の部分を親指で押さえて軸にする。
3・4 2の親指を軸にして巻き、円錐をつくる。
5 山の頂点と巻き終わりが、同じラインになるのがよい。
6 コルネに中身を詰める。中身は袋の1/3以上に詰めるとあふれるので注意を。中身を詰めたら、巻き終わりを押さえ、左右対称にそれぞれ2回ずつ、巻き終わり側に折り曲げる。
7 最後に、上の三角の部分を巻き終わりとは反対側に折り返して完成。先端をはさみで切って絞り出す。

サ

ジャンドゥジャ
ローストして細かく砕いたヘーゼルナッツを加えたチョコレート。ヘーゼルナッツ以外に、アーモンドやその他のナッツを加えたものもある（19ページ参照）。

ショートニング
ラードの代用品として製造された加工油脂。チョコレートに混ぜてつやを出す。

シリコンペーパー
天板や型に敷いて、チョコレートや生地がつかないようにするための紙。中でも表面にシリコン加工を施したもので、なければオーブン用の紙で代用できる。

ストレーナー
目の細かいざるで、こし器としてもふるいとしても使える。

センター
ボンボン・オ・ショコラで芯（中心）になるもの。ガナッシュやプラリネなどがある。

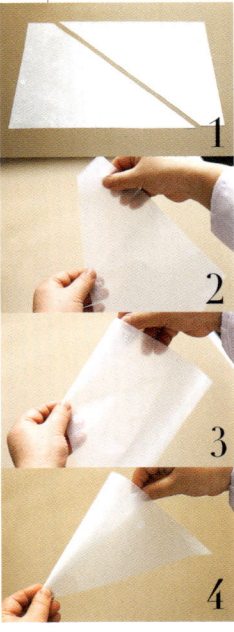

タ

大理石の作業台
マーブル台とも呼ばれ、テンパリングをしたり、生地をこねたりの作業をする台として最適。冷たくて温度の変化を受けにくいので材料の温度が上がるのを抑える。なければきれいなステンレス台でも。

タルト石
重石とも呼ばれ、アルミニウム製。パート・シュクレ（タルト生地）を型に敷き、から焼きするときに、生地が持ち上がらないように押さえとしておくもの。

転化糖
ショ糖をブドウ糖と果糖に分解したもの。白い液状またはペースト状をしている。濃厚な甘みがあり、焼き色がつきやすくなる。

テンパリング
クーベルチュールを溶かし、温度調節をしてカカオバターの結晶を安定した状態にすること（20〜25ページ参照）。

糖度計
シロップやコンフィチュール（ジャム）などを煮詰めるときに、液体の糖度を調べるときに使うもの。液体をいったん取り出し、20℃くらいに冷ましてから測ること。

トライアングル
テンパリングをするときにクーベルチュールをのばしたり、型に流したクーベルチュールを落としたりするときに使う、三角形をした金属製のパレットのこと。

トランペ
テンパリングしたクーベルチュールに、センターをくぐらせてつけること。

とろみをつける
液体のものを冷やしたり、加熱したり、泡立てることで、濃度をつけること。

ナ

ナパージュ
つやをつけたり、空気に触れるのを防ぐためにぬる素材。あんずジャムを裏ごししたものや、果汁にペクチンなどのゲル化剤を加えたものがある。

乳化
不安定な粒子に刺激を与えることで、安定した結晶に並べかえること。

ハ

パータ・グラッセ
コーティング用チョコレートとも呼ばれるもので、カカオバターを含まないのでテンパリングをする必要がない（19ページ参照）。

パート・シュクレ
シュクレとは砂糖が入ったという意味で、タルト生地のこと。

パートドノアゼット
ペーストにしたヘーゼルナッツのこと。

パスティーユ
丸くて平たいものという意味で、「スリーズ」（42〜43ページ）をつくるときに、さくらんぼの台になる。直径2cmほどにのばしたクーベルチュールのこと。

バニラビーンズ
バニラ棒とも呼ばれ、ラン科の植物の結実したさやと種子のこと。乾燥させないように保存する。

パレットナイフ
クーリムやグラサージュなどをぬったり、生地をならすための金属製のへら。スパチュラとも呼ばれる。

ピケ
タルト生地やパイ生地を焼くときに、生地が浮き上がらないよう、専用のピケローラーやフォークの先で底や側面の生地を刺して空気穴をあけること。

ビスキュイ
スポンジのこと。ビスは二度、キュイは焼いたという意味で、二度焼いたということだが、小麦粉、卵、砂糖を主材料とする別立て生地のこと。

フォーク／フォーシェット
チョコレート用フォークのこと。センターを溶かしたクーベルチュールで被覆するときに使用する。歯先は丸やうず状のもの、歯が2〜5本のものと、センターの形や用途に合わせて使い分ける。

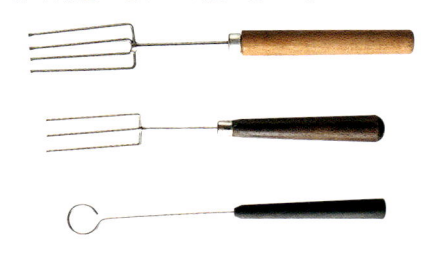

フォンダン
糖衣をかくはんし、砂糖を結晶させて白濁化させたもの。

プラケット
テンパリングしたクーベルチュールを薄くのばし、薄いシート状にした飾り用のチョコレート。

プラリネノアゼット
キャラメル状に煮詰めた糖衣にヘーゼルナッツをからめて細かく砕いたもの。

プラリネペースト
キャラメル状に煮詰めた糖衣に、アーモンドやヘーゼルナッツをからめて細かく砕いたものをさらにローラーにかけてペースト状にしたもの。

フランボワーズ
ラズベリーのこと。生のもの、ピュレにしたもの、凍らせて砕いたブロークンなどを使う。

フロマージュ・ブラン
牛乳をレンネット（凝乳酵素）で固めて水分をきっただけのシンプルなフレッシュチーズ。

ふわっと沸騰させる
牛乳や生クリームを火にかけて、沸騰させること。写真のように吹き上がったら吹きこぼれる前に火を止めて、手早く次の作業に移る。

ペクタゲル
安定剤の一種。

ボンボン・オ・ショコラ
直径2cmほどの一口サイズのチョコレートの総称で、トリュフやスリーズ、マノンなどが仲間。センター、形、色などをかえることで組み合わせは無限。

マ

ムース
フランス語で"泡"のことで、裏ごししたものに泡立てた生クリームやメレンゲを混ぜて軽く、とろけるように仕上げた菓子のこと。

ムール
フランス語で型のことで、チョコレートを流し入れてかたどりチョコレートをつくる。

ペット樹脂製　　　真鍮製、ステンレス製

メレンゲ
フランス語で"ムラング"。卵白に砂糖を加えて、堅く泡立てたもの。泡立ての目安は、鳥のくちばしのような"角(つの)"ができること。

ヤ

休ませる
練ったり、混ぜた生地を、冷蔵庫で冷やしたり、室温においてなじませたりすること。「ねかせる」も同じこと。

湯せんにかける
湯を張った中に材料の入ったボウルや鍋の底をつけて、間接的に加熱すること。

撮影　吉田 篤史
編集協力　相沢ひろみ
校正　川島智子
アートディレクション　白石良一
デザイン　福沢真里（白石デザイン・オフィス）
編集　大矢琢磨（NHK出版）

［資料・撮影協力］
ヴァローナジャポン
カレボー
㈱チョコレートエルレイジャパン
デロンギ・ジャパン㈱
㈱前田商店
㈱森永製菓
日本チョコレート・ココア協会

ショコラティエのショコラ
土屋公二　チョコレートの世界

2006（平成18）年 11月25日　第1刷発行

著　者　土屋公二　©Koji Tsuchiya
発行者　大橋晴夫
発行所　日本放送出版協会
　〒150-8081 東京都渋谷区宇田川町41-1
　電話　03-3780-3386（編集）
　　　　048-480-4030（販売）
　http://www.nhk-book.co.jp
振替　00110-1-49701
印刷　大日本印刷㈱
製本　㈱石津製本所

乱丁・落丁本はお取り替えいたします。
定価はカバーに表示してあります。
Printed in Japan　ISBN4-14-033240-9 C2077
Ⓡ〈日本複写権センター委託出版物〉
本書の無断複写（コピー）は、著作権法上の例外を除き、著作権侵害となります。